전략을 성공으로 이끄는

성과평가방법론

BSC와 ANP를 중심으로

홍종의 지음

경남대학교출판부

차례

Chapter 4 BSC 설계방안

Chapter 5 BSC 사례

Chapter 6 AHP

Chapter 7 BSC와 AHP

그림 차례

표 차례

Chapter 01

BSC 도입배경

핵심성과지표 정의 • 경영환경의 변화 • 핵심성과지표 산출도구로서 BSC 필요성

1. 핵심성과지표 정의

핵심성과지표의 정의

- 핵심성과지표Key Performance Indicators, KPI란 조직의 임무, 전략목표, 성과목표의 달성 여부를 측정하는 척도로서 성과를 측정할 수 있도록 계량적 혹은 질적으로 나타낸 것을 말한다(박경귀, 2003).

- 핵심성과지표Key Performance Indicators, KPI는 조직의 목표 달성의 정도를 계량하는 지표이다. 경영정보학에서 KPI는 현재의 조직 상태를 나타내는 것으로서 사용되어 향후의 대응책으로 어떻게 되는지를 예측하는데 사용된다. 핵심성과지표를 실시간으로 감시하는 것을 비즈니스 활동 모니터링이라고 한다. 핵심성과지표는 리더십 육성, 고용, 서비스, 고객 만족이라고 하는 정량적 계측이 어려운 것을 정량화하는데 사용되는 것이 많다. 핵심성과지표는 (예를 들면 밸런스드 스코어 카드와 같은 기법을 통해) 일반적으로 조직의 경영전략과 관련된다(위키).

- 핵심성과지표는 기업 또는 조직의 목적을 달성하기 위한 방향을 제공하는 수단이다. 핵심성과지표는 목적을 달성하기 위한 방안과 방법을 구성원에게 제공하고, 구성원들의 목적 달성에 대한 진행정도를 판단할 수 있는 계기판 역할을 수행한다. 핵심성과지표는 목적을 달성하기 위한 Key Point 부분을 추출하여, 이를 구성원들에게 알려주는 것으로써, 목적을 달성하기 위한 주요 핵심 방안에 해당된다.

핵심성과지표의 유용성

다음의 [그림 1]에서 보이듯, 핵심성과지표는 목적지를 향해 이끌어주는 계기판과 같은 역할을 수행한다. 비행기를 조정 할 때 계기판에 대한 정보를 받지 못하는 상황(그림 1의 왼쪽)에서는 비행기의 수평여부와 속도, 그리고 방향을 알지 못하기 때문에 중도에 추락하거나 운전은 가능할지라도 목적지에 도달할 수 없다. 이러한 상황을 타개하는 방안이 계기판(그림 1의 오른쪽)에 해당되는 것이다. 사용자가 올바른 방향을 찾을 수 있도록 방향성을 제공하는 것뿐만 아니라, 조정을 위한 여러 정보를 제공하는 것이 바로 핵심성과지표인 것이다.

[그림 1] 핵심성과지표의 중요성

- 핵심성과지표는 성과측정 도구로서의 역할 뿐만 아니라, 경영진의 전략적 의사결정을 지원하는 경영계기판Management Cockpit으로써의 역할을 수행한다. 나아가 핵심성과지표는 구성원들을 자극하는 채찍으로서의 역할과 동기를 유발하는 당근 역할을 수행한다. 당근으로서 모든 구성원들이 동일한 목적을 달성하고자 하는 동기를 자극한다.

  나아가 기업의 전략적 자원이 분산되어 목적 달성에 낭비가 될 수 있는 요소를 사전에 차단하는 역할을 핵심성과지표가 수행하는 것이다. 핵심성과지표는 채찍으로서의 역할도 수행한다. 말을 동일한 방향으로 몰고 더욱더 빨리 달릴 수 있도록 조정하는 역할을 채찍이 수행하듯 핵심성과지표 또한 모든 구성원들이 동일한 목적 달성을 위해 기업 역량을 초점을 둘 수 있도록 강제적 차원의 역할을 수행하게 된다.

2. 경영환경의 변화

기존 핵심성과지표의 한계점

■ 균형성과표Balanced Score Card, BSC가 도입되기 이전의 핵심성과지표는 대부분 순이익, 매출과 같은 재무지표로 한정되어 있다. 재무지표는 기업의 성과와 결과물을 가장 잘 반영할 수 있는 핵심성과지표이다. 따라서 재무지표는 기업에서 가장 주안점을 두고 관리하여야 할 지표임에는 분명하다. 그러나 재무지표만으로 기업의 모든 성과를 관리할 수 없다. 재무지표는 다음과 같은 특징을 가지고 있기 때문이다.

- 결과 중심적 지표
- 과거 지향적 관리 지표
- 단기적 성과에 치중
- 내부효율의 통제에 목적을 두고 사용

■ 재무지표의 경우 기업 활동의 결과물을 관리하기 위한 지표이다. 기업의 목적인 이윤추구는 기업 역량의 활용 결과물로서 산출되는 것이다. 따라서 이를 측정하기 위한 재무지표 또한 과정이 아닌 결과에 중점을 두게 된다. 재무지표는 과거 지향적 관리지표이다. 재무지표는 기업이 초점을 두고 관리한 역량의 결과물을 측정하기 위한 지표인 것이다. 관리의 효율성을 높이기 위한 관리비와 간접비, R&D 투자비용을 재무지표 관점으로 볼 때는 소비에 해당이 된다. 따라서 미래

를 위한 투자는 오히려 음(-)요인으로 작용하게 되는 것이다. 또한 재무지표는 장기적인 투자와 이의 관리보다는 단기적 성과에 치중하게 기업을 이끈다. 장기적인 투자는 재무적 관점에서는 비용으로 간주되기 때문이다. 돈으로 표시되는 재무적 성과를 올리기 위해서는 즉각적인 성과를 보는 곳에 기업에 자원을 투입하게 된다. 마지막으로 재무지표는 효과성보다는 효율성에 초점을 두게 기업을 이끈다. 가장 작은 비용의 투입으로 가장 큰 기업의 재무적 성과를 만들어내는 것에 초점을 두게 만드는 것이다.

경영환경의 변화

- 기존의 기업 환경은 다음과 같은 특징이 있다.
  - 규모의 경제Economy of Scale
  - 대량생산·표준화, 원가절감
  - 하드웨어 중심의 경제
  - 효율성 중심의 경영
- 그러나 현재의 기업환경은 지속적으로 변화하고 있으며 현재 기업환경은 아래의 특징으로 규정지을 수 있다.
  - 네트워크의 경제Economy of Network
  - 기술혁신·차별화, 부가가치
  - 소프트웨어 중심의 경영(지식산업화)
  - 효과성 중심의 경영
- 기존의 기업 경쟁환경과 현재의 기업 경쟁환경을 비교하였을 때, 가장 큰 차이점은 생산과 소비의 균형이 바뀌었다는 것이다. 기존의 기업 환경은 생산이 소비보다 적은 구조였다. 따라서 효과성보다는 효율성, 즉 가장 적은 투자를 토대

로 가장 극적인 상품의 수를 만들어 내는 것이 목적이었던 시대인 것이다. 효율성 중심은 규모의 경제, 대량생산, 그리고 하드웨어 중심의 경제를 이끌어 냈다. 더욱 높은 효율성 달성을 위해 다량의 물건을 만들어야 했던 것이다. 즉 가장 적은 투입의 자원으로 가장 많은 상품을 만들기 위해서 많은 규모의 생산량이 유리했다고 볼 수 있다. 그러나 현재는 생산량이 소비량을 앞서고 있다. 이는 소비자의 선택을 받아야 하는 시점으로의 변경을 의미한다. 소비자의 선택을 받기 위해서는 소비자가 원하는 상품을 소비자에게 전달해야 한다. 이를 위해서 기업은 효과성, 즉 고객만족이라는 목표를 얼마나 달성했느냐가 기업 승부에서 가장 중요한 조건이 된 것이다. 타 기업보다 조금 더 좋은 상품을 생산하기 위해서 기술혁신의 중요성은 높아졌으며, 고객만족을 이끌어내기 위한 지식의 중요성 또한 급증하게 된 것이다. 변화된 기업 환경은 기업을 이끄는 새로운 도구를 필요로 하게 되었으며, 이가 바로 BSC이다.

3. 핵심성과지표 산출도구로서 BSC 필요성

재무지표의 한계성

- 기존의 핵심성과지표는 대부분 재무지표만으로 사용되었다. 재무지표는 기업 운영의 결과에 대한 후행지표이기 때문에, 현재와 같은 기업환경에서는 전략을 수행하기에 부적합하다. 현재 기업환경은 고객만족과 상품의 차별화를 위해서 기업 내 지식을 보유하고 이를 활성화하는 것이 기업성공에 핵심요소이다. 이를 위해서는 장기적인 안목으로 기업을 운영할 필요가 있으며, 새로운 기술과 서비스의 발굴을 위해서 R&D에 대한 투자 또한 지속적으로 이루어져야 한다. 그러나 재무지표는 이러한 장기적인 투자를 제한하고, R&D에 대한 투자 또한 소비로 간주하게 된다. 따라서 비재무지표와 사업업적에 관한 선행지표The leading indicators가 필요하다.

- 뿐만 아니라 기업의 환경 및 기업 상황에 영향을 주는 요소는 재무지표만으로 제한되어지지 않는다. 재무지표 이외에 고객만족도, 고객 충성도 또한 기업의 성공에는 매우 중요한 요소이다. 현재 매출액에는 크게 기여하지 못할 수 있지만, 향후 기업의 성장에는 핵심 요소라 할 수 있기 때문이다. 삼성 제품에 대한 고객충성도는 현재의 삼성을 이끈 매우 중요한 요소라고 볼 수 있다. 재무지표에 제한되었던 기존의 성과측정 방식의 한계를 벗어날 필요가 있다.

■ 현재 보다 많은 경영자들이 비재무적 성과지표를 찾고 있으며, 새로운 경쟁전략을 강화하기 위하여 기업의 업적평가시스템을 변화시키고 있다. 단순히 기업뿐만 아니라, 공공조직 나아가 대학까지도 업적평가시스템을 다면적으로 변화시키고 있다.

기업 경쟁력의 원천 변화

■ 기업 경쟁력을 결정짓는 CEO의 의사결정의 기준, 즉 의사결정을 위해 살펴보는 주요 핵심성과지표를 살펴보면 대략 40% 정도가 비재무적 핵심성과지표로 구성되어있다. 대차대조표와 손익계산서 등과 같이 재무지표가 기업의 상황을 전체적으로 알려주기는 하지만 재무지표만으로는 기업의 상황을 판단하고 결정할 수 없다는 것이다. 즉 비재무지표 또한 CEO의 의사결정에 매우 중요한 요소로 자리 잡고 있다.

■ 나아가 회사의 주주들 또한 기업 투자를 결정할 때 재무지표 이외에 비재무지표를 포함시켜 기업의 가치를 판단하고 있다. 기업의 가치는 상장된 주가 즉 재무지표에 의해서 단적으로 나타나지만, 이에 영향을 주는 요소는 기업의 순이익, 매출액 등과 같은 재무지표 이외에 비재무지표가 상당부분 포함되어 있는 것이다. 특정 기술의 확보로 기업의 주가가 상승하는 것이 이러한 비재무지표가 주주들의 기업가치 판단에 영향을 주는 단적인 모습으로 볼 수 있다. 주주들이 기업의 가치를 판단할 때 사용하는 비재무지표의 예는 다음과 같다.

- 제품의 품질
- 기술의 혁신성
- 경영층의 능력
- 기업에 포함된 인재의 능력

- 재무지표만으로 기업 가치를 판단하는 것은 한계가 존재하며, 이러한 한계를 극복하기 위해 비재무지표와 재무지표를 함께 사용하여 기업 가치를 판단하기 위한 성과 프레임워크로서 BSC가 필요하다.

무형자산의 중요성

- 오늘날 많은 기업들이 기업가치 창출의 동인을 무형자산에서 찾고 있다. 회계학자 Lev의 연구에 의하면 기업가치의 70~85%가 대차대조표에 나타나지 않은 무형자산의 가치에 의해 결정된다. 브랜드 가치가 큰 기업으로 알려진 코카콜라, 마이크로 소프트는 이보다 더 심해 기업가치의 90%이상이 무형자산에서 나온다. 2007년 언스트 앤 영이 709개 M&A 거래 기업을 대상으로 분석한 보고서는 평균 거래 금액의 30%는 유형자산 가치이고, 나머지 70%는 브랜드, 고객 관계, 기술 등 무형자산 가치로 구분하였다. 또한 기업의 투자 패턴 변화를 조사한 연구에서는 85년도는 유형자산 투자가 무형자산 투자를 40% 이상 상회하였다. 그러나 2007년은 오히려 무형자산이 유형자산 투자를 33%나 앞선 것으로 나타났다. 갈수록 무형자산에 대한 투자 비중이 커지고 있는 것은 무형자산의 중요성이 그 만큼 커지고 있다는 점을 보여주고 있는 것이다(LG 경제연구원 2012년 최병헌 보고서).
- 다음의 그림은 미국 상장기업의 시가 총액에서 무형자산과 유형자산의 비중을 도식화하여 보여주고 있다. 1950년대는 유형자산, 즉 기업의 시설과 공장이 매우 중요하였지만, 2010년 현재는 무형자산이 기업의 자산 중 80% 정도를 차지할 정도로 무형자산의 중요성이 급증하였다. 이러한 변화는 농업사회에서 지식사회로의 사업형태의 변화가 주로 기인하였다. 성과측정시스템 또한 유형자산을 측정하기 보다는 무형자산을 측정하는 것에 초점을 두어야 한다. 유형자산은 기업의 자산 중 작은 일부분에 지나지 않으며, 기업 경쟁력을 결정하는 주요 무형자산을 규정하고 이를 측정하기 위한 성과측정시스템이 필요로 한 것이다.

[그림 2] 무형자산의 비중(인터브랜드, 2009)

- 그러나 무형자산의 중요성을 많은 기업들과 조직들이 간과하고 있다. 무형자산을 측정하고, 평가함으로써 관리하고자 하는 노력들이 많지 않은 것이다. 그러한 가장 큰 이유는 무형자산이 성과, 즉 기업의 이윤에 직접적으로 연계되어 있지 않기 때문이다. 고객의 만족도, 고객의 충성도와 같은 경우, 기업의 이윤과 직접적 고리가 존재하기 때문에 만족도의 상승은 짧은 기간 내에 기업의 이윤으로 반영된다. 그러나 기업 내 인력 교육과 R&D 투자는 기업의 이윤과 직접적으로 연계되어 있지 않다. 기업 내 인력에 대한 혁신 교육을 지속적으로 실시하고, R&D에 대한 투자를 대폭 늘릴지라도 그 효과는 짧은 시간 안에는 기업의 이윤으로 반영되지 않는다. 이러한 무형자산의 특성 때문에 무형자산이 매우 중요하고, 기업 가치의 과반 이상을 차지하고 있음에도 무형자산을 측정하고 관리하고자 하는 노력이 부족하였다. 그러나 무형자산은 가치가 높고 장기적 안목에서 기업의 경쟁력을 결정하는 주요 결정요인이다. 따라서 무형자산을 측정하고, 이를 관리하기 위한 측정관리시스템으로써 BSC 도입이 필요하다.

비재무지표의 단점

■ 비재무지표의 필요성에 대해서는 앞에서 이미 언급하였다. 무형자산을 관리하고 기업의 역량을 지속적으로 파악하기 위해서 비재무지표 도입은 시급하다. 그러나 비재무지표는 다음과 같은 몇 가지 한계점을 가지고 있다.

- 너무 많은 핵심성과지표를 도출: 비재무지표를 추가적으로 핵심성공지표에 도입하였을 때, 기업에서 관리하여야 할 핵심성과지표의 수가 많이 늘어날 수가 있다. 핵심성과지표는 기업의 구성원을 하나의 목적으로 이끄는 당근이 될 수도 있지만, 기업 구성원들을 자극하는 채찍이 될 수도 있다. 즉 핵심성과지표 수의 증가는 구성원을 관리하는 채찍 수가 늘어나는 것을 의미한다. 이는 구성원들에게는 압박감을 증대시키고 기업의 자원을 핵심성과지표 관리에 소비하는 결과를 가져오게 된다.
- 불필요한 자원의 낭비 초래: 재무지표는 기업성과를 반영하는 지표로써 손쉽게 수집가능하며, 단기간 내에 큰 노력이 없이 측정할 수 있다. 그러나 비재무지표의 경우, 이를 측정하기 위한 데이터의 수집이 어려우며 지속적으로 수집하기 위해서는 새로운 시스템을 구축할 필요가 발생할 수 있다. 예를 들어 '내부 프로세스 혁신도'와 같은 지표를 측정하기 위해서는 기업의 내부 프로세스의 지속적 측정을 위한 시스템 구축이 필요하다. 이를 위해서 인력과 시스템 및 비용 등과 같은 기업 자원이 과도하게 사용될 수 있다.
- 비재무지표의 달성도를 파악하는 데 한계가 존재: 재무지표의 경우 금액으로 모든 지표가 정규화가 되어 있다. 모든 재무지표는 금액으로 표시되기 때문에 지표 간 비교와 대조가 용이하며, 기업 내 존재하는 그룹 또는 팀 간의 성과비교가 용이하다. 그러나 비재무지표의 경우 지표들 간 단위가 상이하다. 고객만족도는 1~5점 단위로 구성원 교육 시간은 시간을 단위로, 프로세스 속도 향상은 초를 단위로 사용한다고 가정해보자. 이러할 때 각 비재무지표의 달성도

를 비교하는 것은 불가능하며 각 지표의 달성도 또한 비교하는데 한계가 있다. 예를 들어 조직 내 두 팀을 비교하였을 때 고객만족도가 1점 높은 팀과 구성원 교육 시간이 1시간 많은 팀 중 어떤 팀이 높은 성과를 도출하였다고 판단할 수 없는 것이다.

전략의 실행을 유도하는 성과측정시스템의 필요성

- 기업의 전략을 수행하는 것은 조직 내 구성원이다. 기업 내 모든 구성원이 동일한 목적을 향해 나아갈 수 있도록 방향성을 제공하는 성과측정시스템이 필요하다. 말이 목적지에 빠른 시간 안에 도달하기 위해서는 말을 유인하기 위한 당근과 말을 자극하기 위한 채찍이 필요하다. 기업 또한 목적을 달성하기 위해서 구성원들을 유인하고 자극하기 위한 방안이 필요하며, 이것이 바로 성과측정시스템이다.

- 기업의 전략은 기업의 경쟁력을 결정짓고, 미래 기업의 이윤을 극대화하기 위한 최적의 방안이라 볼 수 있다. 기업 전략을 달성하는 것이 바로 기업 성공의 열쇠이다. 하지만 기업조사 결과, 10% 미만 만이 전략을 효율성으로 수행하고 있으며, 전략 실패의 원인 중 70%가 잘못된 실천에 있다. 아무리 좋은 전략을 구축하였을지라도 기업 구성원들이 실천을 하지 않을 경우 대부분 실패를 한다는 것이다.

- 이러한 상황에서 기업 구성원들에게 전략달성을 위한 동기의식을 고취하고 성과평가를 통한 개인 목적의식을 자극함으로써 전략을 성공으로 이끄는 것이 바로 BSC이다.

정보시스템 기술의 발달

- 기존의 정보시스템은 재무지표 이외의 성과 지표를 정량화하고 이를 다루는데 한계가 있었다. 평가를 위한 정보시스템을 구축하기 위해서는 이를 지원하기 위한 구조를 개발하고, 개발된 구조를 구현하기 위한 DB[DataBase] 기술이 필요하였기 때문이다. 이러한 정부기술의 개발, DB 기술, 그리고 이를 지원하는 인력의 부족으로 기존의 성과측정시스템은 특정 측면만을 고려하여 설계되었다. 그러나 DB 기술의 개발과 인식의 변화, 그리고 인력의 고급화는 다면적 성과측정시스템 구축을 가능케 하고 있다.

Chapter 02

BSC에 대한 이해

전략 실행을 위한 도구 BSC • BSC 장단점과 원칙 • BSC 용어 정의 • BSC 관점 • 성과지표

1. 전략 실행을 위한 도구 BSC

BSC에 대한 이해

- BSC를 기반의 한 성과측정시스템을 구축할 때, 많은 CEO들은 BSC를 구성원을 통제하기 위한 수단으로 사용한다. BSC에 대한 이러한 이해는 BSC를 잘못된 방향으로 이끄는 가장 큰 함정이다. BSC는 기업 구성원들을 통제하기 위한 수단이 아닌 기업의 전략을 실행하기 위한 도구이기 때문이다.

- BSC는 Top Down 방식으로 구축된다. CEO가 기업의 비전 및 전략에 대한 밑그림을 제시하고, 이를 구체적으로 수행하기 위한 목적을 중간관리자가 도출하며, 목적을 측정하기 위한 성과지표를 도출하는 것이다. 비전과 성과지표가 별개로 존재하는 것이 아니라 유기적으로 연계되어 있으며, 성과지표의 달성은 비전의 달성으로 이어지도록 인과관계의 고리를 가지고 있다. 이러한 BSC 구축 프로세스 때문에 BSC를 전략실행의 도구라고 일컫는 것이다.

- 또한 BSC를 재무지표를 대체하기 위한 비재무지표를 도출하기 위한 수단이라고 이해해서는 안 된다. BSC는 비재무지표를 통해 재무지표를 대체하기 위한 수단이 아니라, BSC 재무지표와 비재무지표 간의 균형을 통해 기업의 역량을 다면적으로 측정하고 관리하고자 하는 것이다. 비재무지표를 기반으로 한 대체가 아니라, 재무지표를 보완하고 성과측정시스템의 선진화를 위해 비재무지표를 활용하는 것이다.

BSC에서 균형Balanced의 의미

■ 기존의 성과지표는 후행지표, 재무지표, 외부지표, 단기지표에 초점을 두고 있다. BSC는 기존 성과지표의 가치를 무시하는 것이 아니라, 기존 성과지표와 더불어 다른 관점을 추가하여 균형을 이루고자하는 것이 목적이다. 후행지표와 선행지표와의 균형, 재무지표와 비재무지표와의 균형, 외부지표와 내부지표의 균형, 그리고 단기지표와 장기지표의 균형을 BSC는 추구한다. 세부 내용은 다음과 같다.

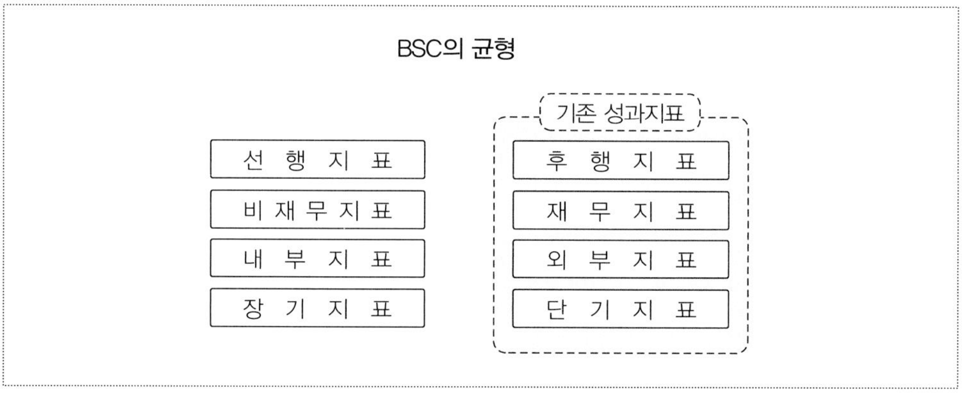

[그림 3] BSC에서 균형

재무지표와 비재무지표 사이의 균형

■ BSC는 크게 4가지 관점으로 구성되어 있다. 재무관점, 고객관점, 내부 프로세스 관점 그리고 학습 및 성장관점이다. 각 관점으로 전략을 바라보고, 각 관점별로 핵심성공요소를 도출하고 이를 측정하기 위한 성과지표를 산출하는 것이 가장 일반적인 BSC 프로세스이다. 기존의 재무지표 즉 재무관점에서 기업의 전략을 바라보던 시각을 확장하여 비재무적 시각에서도 기업 전략을 분석해야 된다는 것이 BSC에서 의미하는 균형이다. 비재무적 요소인 기업의 마케팅 능력,

기술력, 브랜드 이미지 등의 요소도 재무적 요소만큼 중요하기 때문에 이러한 비재무적 요소들을 관리하고자 하는 것이다. 재무지표를 비재무지표가 대체하는 것이 아니라, 재무지표만으로 부족한 부분을 비재무지표를 통해 보완하고자 하는 것이다.

선행지표와 후행지표 사이의 균형

■ 선행지표Cleading Indicator란 기업의 성과를 이끄는 지표이며. 후행지표란 기업의 성과를 측정하는 지표이다. 마차를 끄는 말은 선행지표, 이끌려오는 마차는 후행지표Lagging indicator에 비유할 수 있다. 재무관점과 고객관점에서 도출된 성과지표는 후행지표에 해당되며, 내부프로세스 관점과 학습 및 성장 관점에서 도출된 성과지표는 선행지표에 해당된다. 기업의 이윤과 고객의 만족은 기업이 달성한 성과로 볼 수 있다. 즉 기업의 자원활용을 통해 차별화된 서비스 또는 상품을 제공하고 이를 통해 얻은 결과물이 이윤과 고객 만족에 해당된다. 기업의 자원활용과 투자에 대한 결과물이 고객관점과 재무관점의 지표에 해당되는 것이다. 반면에 이러한 결과물을 만들어 내기 위해서는 기업은 지속적으로 내부 프로세스를 혁신하여 발전시켜야 하며, 투자를 통해 차별화된 기술력을 확보하여야 한다. 기업의 목적인 이윤 달성을 위해서 기업이 개발하고 관리하는 프로세스와 인력은 선행지표에 해당된다. 따라서 학습 및 성장관점과 내부프로세스관점에서 도출된 지표는 선행지표에 해당된다. BSC는 선행지표와 후행지표 사이의 균형을 관점의 균형을 통해 달성하고 있다.

내부지표와 외부지표 사이의 균형

■ 내부지표는 기업의 내부를 측정하기 위한 성과지표 외부지표는 기업의 외부를 측정하기 위한 성과지표를 일컫는다. 내부 프로세스 관점과 학습 및 성장 관점

에서 도출된 성과지표는 내부지표이다. 내부 프로세스 관점은 기업 내부에서 상품 또는 서비스를 생산하기 위한 프로세스를 혁신적으로 개선하기 위한 것에 목적을 두고 있다. 그리고 학습 및 성장 관점은 전략달성을 위해 기업의 자원을 효율적으로 개발하고 발전시키는 것에 목적을 두고 있다. 따라서 이 두 관점에서 도출된 성과지표는 내부지표에 해당된다. 반면에 기업을 외부 시각 즉 고객의 시각에서 판단하는 것이 고객관점의 성과지표이다. 재무지표의 경우 기업의 외부에 대한 평가의 결과물로서 보여지는 성과지표이다. 따라서 이 두 관점에서 도출된 지표는 외부지표에 해당된다.

단기지표와 장기지표 사이의 균형

■ 재무지표는 단기간의 성과를 표현하는 단기지표에 해당되며, 장기적 안목에서 투자가 필요한 학습 및 성장 관점의 성과지표 경우 장기지표 해당된다. 재무지표에 치중할 경우 단기적 성과를 내는 것에 기업의 역량을 투입하게 된다. 단기적 이윤을 극대화시킬 수는 있지만 장기적 입장에서 볼 때 기업의 이윤은 보장할 수 없다. 단기적 입장에서 볼 때 R&D에 대한 투자는 소비에 해당되며, 장기간 투자가 필요한 대형 프로젝트일 경우 재무지표 상에는 큰 소비가 지속적으로 발생하는 것으로 나타날 수 있다. 하지만 새로운 기술력을 확보하고 이를 통해 시장을 장악하기 위해서는 지속적이고 장기적인 안목과 투자가 필요하다. 성장을 위한 투자를 고려하고자 하는 관점이 학습 및 성장 관점이며, 이 관점에서 도출된 성과지표는 장기지표에 해당된다. BSC는 재무지표가 단기적 성과에 치중하는 오류로부터 벗어나고자 단기지표와 장기지표 사이의 균형을 관리하고자 한다.

2. BSC 장단점과 원칙

BSC 장점

- 무엇이 핵심인가에 대해 분명히 말해준다. 집중해야 하는 것이 무엇인지 알려주고 있으며, 어디에 힘과 역량을 모아야 하는지 알려준다.

- 기업 전체적인 시각에서의 최적화된 의사결정을 지원한다.
  - BSC에서 제시하는 핵심성과지표는 경영자나 조직원들에게 무엇이 핵심인가에 대해 분명히 말해준다. 지금까지 수많은 전략이 수립되어 왔지만, 조직원에게 이를 달성하기 위해 어떻게 해야 하는지 구체적인 방법을 말해주기가 쉽지 않았다.
  - 그러나 계량화된 핵심성과지표는 무엇보다 내가 집중해야 하는 것이 무엇인지 알려주며, 어디에 힘과 역량을 모아야 하는지 알려준다. BSC에서 제시하는 균형된Balanced이라는 것은 경영자들에게 성과평가에 대한 새로운 시각을 제시한다. 재무적 성과에만 치중하여 근시안적인 의사결정을 내릴 수 있는 위험을 최소화함으로써 기업 전체적인 시각에서의 최적화된 의사결정을 지원한다.
  - BSC는 유행처럼 지나가는 다른 경영혁신 기법들처럼 가시적이거나 획기적인 효과를 나타내 준다고 말할 수는 없다. BSC란 도입하거나, 도입하지 않거나 하는 여타의 경영기법들과는 달리, 기업에서 이미 행하고 있는 활동을 보다 체계적이고 효과적으로 해야 하는 필요성 때문에 반드시 해야만 하는 것이다.

■ 조직의 전략과 구성원들의 목표 연계

- BSC의 가장 큰 장점은 전략조직의 구축이 가능하다는 것이다. 전략조직이란 조직의 구성원 모두가 전략의 달성을 위해 초점을 두고 업무를 수행하는 조직을 말한다. 급변하는 환경 하에서 전략 구축과 이의 달성을 위한 전 조직계층에 있어서의 전략적 핵심활동에 대한 커뮤니케이션 및 운영관리는 이윤 증대의 핵심구조이다. 이를 가능케 하는 것이 바로 BSC인 것이다. 커뮤니케이션을 기반으로 조직 구성원들이 전략을 달성하기 위해 자신이 수행해야 할 핵심업무를 파악하고 이를 성과지표로써 제시함으로 유기적 조직을 구축하는 것이 바로 BSC인 것이다.

■ 장기적 성과와 미래 수익성 중시

- BSC가 많은 사람들로부터 관심을 받을 수 있었던 이유는 바로 기존의 성과평가시스템에서 다루지 못했던 장기적 관점과 미래적 관점을 도입하였기 때문이다. 삼성전자가 현재의 활황세를 누릴 수 있는 가장 큰 이유는 이건희 회장의 장기적 안목과 오랜 기다림의 결과로 볼 수 있다. 반도체에 대한 확신과 투자가 있었기 때문에 세계 시장에서 큰 성과를 거둘 수 있었다. 경부고속도로의 건설 또한 투자와 기다림의 결과이다. 하지만 경부고속도로 건설 당시, 반도체 연구에 대한 투자 당시를 그 시점의 재무적 측면에서 보게 되면 지출과 소비에 불과하다. 하지만 장기적 성과와 미래적 관점에서 보게 되면 투자가 되는 것이다. CEO들이 단기적이고 재무적인 성과를 내는 것에서 벗어나 장기적 안목에서 투자를 이끌어 내고, 이것이 조직의 미래 수익성을 창출할 수 있도록 지원하는 것이 바로 BSC인 것이다.

■ 적극적인 Feedback

- 사람은 변화는 것을 쉽게 받아들이지 않는다. 하지만 전략 수행을 위해서는 또한 급변하는 환경에서 조직이 도태되지 않기 위해서는 끊임없이 변화를 도모해야 한다. 변화를 좋아하는 않은 구성원과 변화를 추구해야 하는 최고경

영자 사이의 이질적 공간, 즉 커뮤니케이션 장벽이 전략의 실패를 초래한다. 단절된 조직구조, 의사장벽이 도래된 조직의 성공은 매우 어려울 것이다. 이러한 조직의 동인이 되는 것이 바로 성과평가시스템이다. 채찍과 당근은 말을 끊임없이 달리게 한다. 성과평가시스템이 바로 조직 구성원들을 전략의 주체로 만들 수 있다. 현재 상황을 실시간으로 피드백하고 조직 구성원들의 업무 능력과 달성도를 모니터링 해줌으로써, 조직 구성원들 업무의 중요성과 자신의 현재 상황을 파악가능케 한다. 이를 통해 업무에 대한 집중도 향상과 경쟁상황 유발을 통해 전략의 효율적인 달성을 가능케 하는 것이 BSC이다.

BSC 한계점

- 불필요한 성과지표가 다수 추출될 수 있다.
- 지나친 성과지표의 산출로 자원의 낭비가 발생될 수 있다.
- BSC는 과정보다 최종 수치가 중요하다.
- 다수의 정성지표가 포함되어 측정치의 객관화가 힘들어질 수 있다.
- 다양한 지표의 측정단위로 인해 달성도를 비교하는데 한계가 존재한다.

BSC 원칙

- 원칙 1: BSC의 평가 지표는 기업의 비젼과 전략적 목표를 연계하는 지표여야 한다. 또한 평가 항목/지표간에 기업의 성과 달성을 위한 상호 인과 관계를 분석할 수 있어야 한다. 이 원칙은 BSC의 가장 기본적인 구호와도 같다. 그러나 현실에서는 단순히 평가 지표의 나열에 불과한 리스트식 BSC도 많이 살펴볼 수 있다. 제대로 된 BSC는 일련의 평가 항목/지표의 상호 작용을 통해 최종 재무적 성과가 달성되는 사전적인 목적 항목 및 선행 지표 등이 도출될 수 있어야 한다. 각 목적 항목은 기업의 비젼 및 전략을 반영해야만 한다.

- 원칙 2: 전사 차원의 BSC는 하부 조직 단위 및 개인 단위의 스코어카드와 연계하여 통일성을 지녀야만 한다. 제대로 된 BSC라면 전사 차원의 BSC가 하부 조직 단위의 BSC와 동질성을 유지하면서 기업 구성원의 모든 레벨에 걸쳐 적용될 수 있어야 한다. 즉, 전사 차원의 BSC와 사업 부문 단위의 BSC, 부서 단위의 BSC, 팀 단위의 BSC 등 조직 단위의 BSC와 CEO의 BSC, 사업 부문장의 BSC, 부서장의 BSC, 팀장 및 팀원의 BSC 등 개인 단위의 BSC가 서로 동질성 및 일체감이 있어야 한다는 것이다. 이렇게 함으로써 전사 차원의 전략적 목표와 하부 조직 단위의 전략적 목표 및 개인 단위의 전략적 목표 달성을 위한 활동 간의 연계성을 제고할 수 있으며, 이렇게 되어야만 기업의 전략적 목표가 실제 성과로 연계될 수 있는 것이다.

- 원칙 3: 정량적인 정보뿐만 아니라 정성적인 정보도 도출될 수 있어야만 올바른 BSC이다. 이것이 아마도 일반적 성과 평가 시스템과 제대로 된 BSC를 구분할 수 있는 가장 대표적 특징일 것이다. 단순히 수치로서 분석이 가능한 핵심 성과지표(KPI)만을 도출해 낸 평가 시스템은 BSC가 아니다. 오늘날 기업은 재무적 평가 지표뿐만 아니라 비재무적 평가 지표도 측정하고 관리할 수 있는 평가 시스템이 필요하다. 예를 들면, BSC는 평가 대상/항목에 대한 수치 측정을 통해 그 달성 정도를 측정하는 동시에 관련 관리자의 달성 여부의 난이도에 대한 정성적 평가도 함께 고려함으로써 기업의 성과 달성에 대한 공정한 평가를 실시하고자 한다.

- 원칙 4: 진정한 BSC 는 동적인 커뮤니케이션 및 피드백을 허용한다. 〈원칙 3〉에서 제시된 것처럼 BSC 는 정성적인 평가 과정을 내재하고 있어야 한다. 이러 한 정성적 평가가 가능하기 위해서는 무엇보다도 기업의 전략에 대한 상호 커뮤니케이션 및 선순환적 피드백 루프Positive Feedback Loop가 형성되어야만 한다. 동적인 커뮤니케이션 및 피드백 루프는 또한 각 구성원들에게 전략적 목표에 대한 동기부여를 함으로써 목표 달성을 위한 자발적인 참여를 유발할 수도 있다.

■ 원칙 5: 시스템의 사용 방법이 용이해야만 BSC 의 성공적 정착을 가져올 수 있다. BSC 의 평가 지표를 적절하게 적시성을 확보하면서 관리하기 위해서는 무엇보다도 정보시스템과의 통합이 불가피하다. 이 때 BSC 시스템이 정보의 사용자인 경영자, 관리자 및 기업 구성원에게 친숙하지 못하다면 아무리 많은 금액을 투자하여 시스템을 구축하였다고 해도 쓸모없게 될지도 모른다. BSC 시스템은 사용자가 자신의 성과 목표가 어느 정도 달성되었는지, 앞으로 달성 가능한지 등 자신에게 직접 필요한 정보를 쉽게 획득할 수 있게끔 만들어져야 한다.

■ 원칙 6: 전사적으로 모든 계층에 걸쳐 시행되어야 한다. BSC 의 창시자 중 하나인 로버트 캐플란 교수는 "만일 BSC가 상위 조직 단위/관리자 계층에만 국한되고 하위 조직 단위/구성원에게 전파되지 못한다면, 가치 창출 도구로서의 잠재력을 100% 발휘한다는 것은 어려울 것이다."라고 지적한 바 있다. BSC 구축을 통해 기업의 전략 목표를 성과로 연계하기 위해서는 기업의 모든 구성원이 BSC 라는 경영 도구를 십분 활용할 수 있도록 해야 된다. 이를 위해서는 전사적으로 통일된 BSC 시스템의 구축 및 인트라 넷 등을 활용하여 그 접근성을 제고할 필요가 있을 것이다. 전사적으로 모든 구성원이 동일한 전략적 용어를 사용하여 동일한 목표를 인식하고 그 달성을 위해 노력할 때 목표가 성과로 나타나게 될 것이다.

■ 원칙 7: 다른 시스템과 일체감 있게 구축/통합되어야 한다. BSC 시스템은 기업의 기존 시스템과 따로 떨어져서 존재할 수 없다. 최소한 하나 이상의 정보 시스템, Data Warehouse 등과 연계되어 수치적인 데이터를 획득해야 한다. 또한 BSC 시스템에서 획득한 정보를 Data Warehouse 등에서 필요한 정보로 전환시킬 수 있어야 한다.

3. BSC 용어정의

BSC의 의미

■ BSC는 전통적으로 중요시되어 오던 재무적 관점 외에 고객, 내부 프로세스, 학습과 성장의 비재무적 관점도 함께 고려하여 조직의 전략을 입체적으로 관리할 수 있도록 도와 는 효과적인 가치 중심의 성과관리 기법이다. BSC는 기업 내 조직이 전략을 잘 실행하고 있는가를 나타내 주는 전략실행 모형이며 미션·비전, 전략, 성과창출 영역, 핵심성공요인으로부터 성과지표를 도출한다.

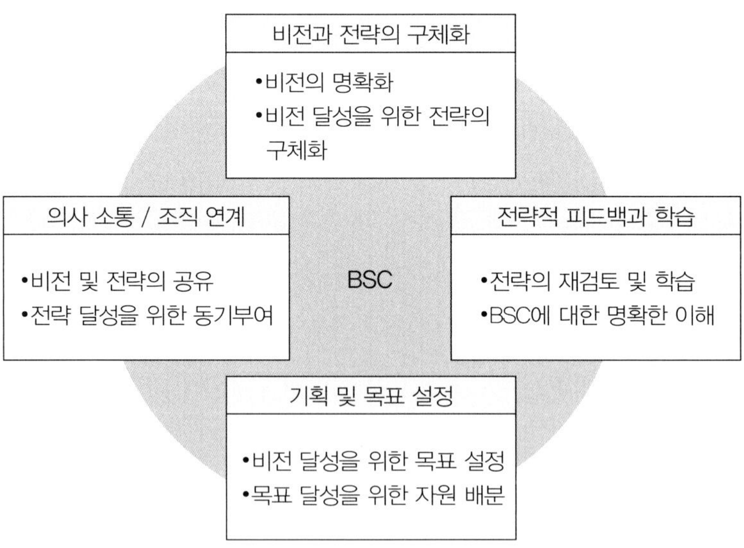

[그림 4] BSC 의미

■ BSC는 성과지표를 도출하는 단순한 툴을 벗어나 전략수행을 가능케 하는 프로세스이다. BSC는 비전과 전략을 명확화·전환, 목표와 성과지표의 연결, 목표치의 설정과 실행과제를 정렬, 전략적인 피드백과 학습을 고양시킨다.

핵심성공요인: CSFCritical Success Factor

■ 전략을 달성하기 위해 수행되어야 할 요인이다. 모든 요인을 나열하는 것이 아니라, 제한된 자원 중 선제적으로 수행되어야 할 요인들을 추출한 것이다.

■ 핵심성공요소는 전략을 달성하기 위하여 중요하게 해야 할 것으로 무엇What을 해야 하는 가에 대한 답이다. BPR과정에서처럼 반드시 업무프로세스에서 도출되는 것만은 아니다.

핵심성과지표: KPIKey Performance Indicator

■ 도출된 목적을 측정하기 위한 성과지표이다. 목적의 성과를 측정하기 위한 다양한 지표 중 목적의 달성과 직접적으로 연계되어있는 성과지표를 핵심성과지표라 일컫는다.

- 주요성과지표는 핵심성공요소에 대응하면서 그 결과로서 발생하는 경영실태와 성과를 나타내 주는 지표라고 정의할 수 있다. 경영실태란 기업이 추구하는 목적을 달성하기 위하여 어떻게 기업을 편성하여 사업을 수행하고, 어떻게 이들 기업과 사업을 관리하고 있는가? 하는 실제의 상태를 말하며, 경영성과는 경영활동을 통하여 달성한 결과를 일컫는다. 지표는 이러한 실태와 성과를 나타내 주는 수단이며, 정량적으로 측정 가능한 것과 정성적으로 측정 불가능한 것이 있다. 핵심성공요소와 KPI 간의 인과관계로서 일반적으로 KPI는 핵

심성공요소의 실행 정도를 측정할 수 있는 과정 또는 결과 척도로서, 핵심성공요소의 결과이다.

- 기업의 경영에 있어서 성과지표가 중시되고 또 우리가 이에 대하여 잘 알아야 하는 이유는 그것이 경영관리의 기본적, 핵심적 수단이 되기 때문이다.

결과(후행) 지표Outcome(Lagging) Measure

■ 기업 활동의 결과물을 측정하는 지표를 말한다.

성과동인/원인(선행) 지표Performance Driver(Leading Measure)

■ 기업 내부의 프로세스의 향상을 위해서 사용되는 성과지표로써, 결과를 이끌어 내기 위한 행위를 측정하는 성과지표이다.

■ 후행지표 및 선행지표의 예제는 다음과 같다.

선행지표	후행지표
•서비스의 질	•영업이익률
•서비스 속도	•매출액
•직원 교육시간	•고객 만족도
•직원 이직률	•고객 불만족 건수
•서비스 제공준수 비율	•고객 충성도

[그림 5] 선행지표와 후행지표

인과관계Cause-and-Effect Relationship

- BSC에 관한 전략적 목표Objectives 사이에 원인-결과 관계의 표현, 각 성과지표는 전략목표달성의 원인과 결과 관계로 사슬처럼 연계 되어야 한다.
- 인과관계cause & effect는 후행(결과)지표와 선행(원인)지표 사이뿐만 아니라, 4시각(재무/고객/내부프로세스/학습·성장 시각) 사이에서도 존재한다.
- 인과관계의 예시는 다음 그림과 같다.

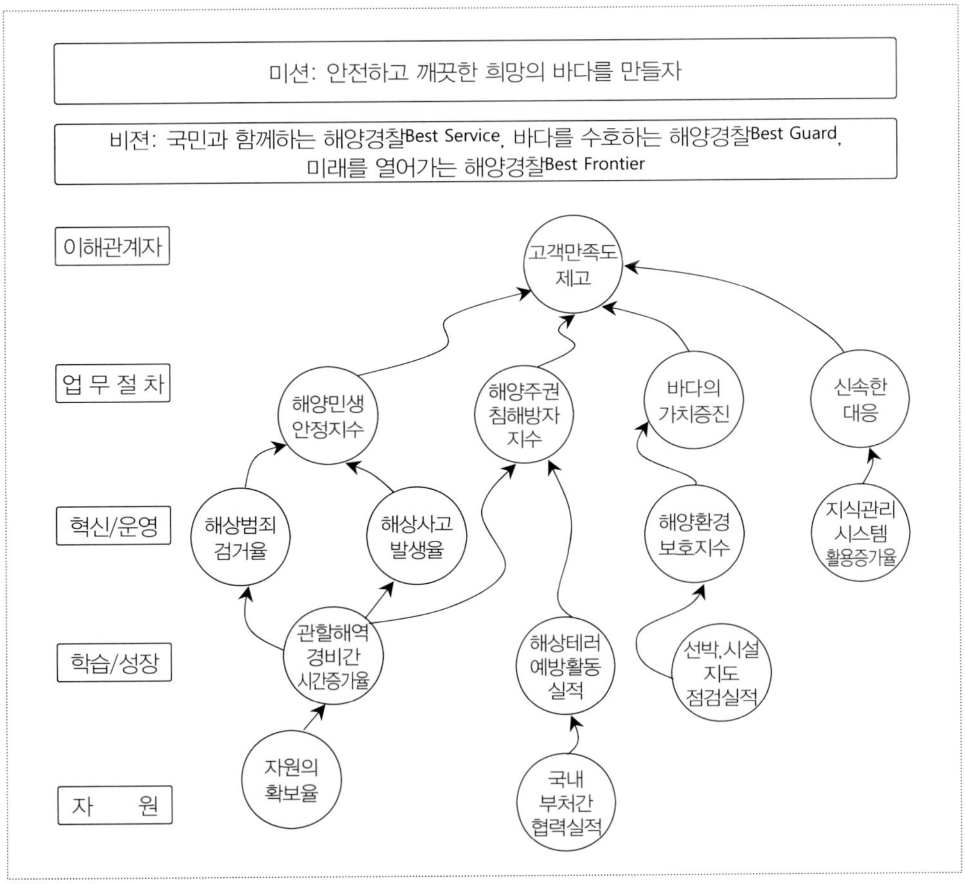

[그림 6] 인과관계(해양경찰청)

시각/관점Perspectives: 전략의 구성요소

■ 재무관점, 고객관점, 내부 프로세스 관점, 학습 및 성장 관점으로 구성되어 있다.

전략적 목표/평가항목Objectives

■ 전략을 달성하기 위해 필수인 목표를 말한다. 전략을 실행할 수 있도록 세분화한 항목이다.

성과지표Measures

■ 전략적 목표 즉 objective를 효과적으로 달성하기 위해 도출된 것으로 전략의 달성을 위해 꼭 필요한 것을 측정하기 위한 지표이다.

목표Targets

■ 성과지표의 정량적 목표를 말한다. 성과지표를 도출하고 이의 정량적 목표를 제시함으로써 공동체 구성원들이 하나의 목적을 향해 나아갈 수 있는 방향을 제시한다.

이니셔티브Initiatives

■ 성과지표의 목표를 달성하기 위한 핵심 방안이다. 제시된 성과지표의 목표를 달성하기 위한 조직의 세부방안을 말한다.

[표 1] 용어와 예시

용어	예시
시각/관점 (Perspectives)	내부 프로세스 관점
전략적 목표/평가항목 (Objectives)	작업 효율성 향상
성과지표 (Measures)	작업 시간 작업의 결과물(산출량)
목표 (Targets)	총 1주일 작업시간의 10% 감소 산출량의 10% 증가
이니셔티브 (Initiatives)	Lean 생산기법 도입 불필요한 작업 프로세스 분석

전략 맵Strategic Map

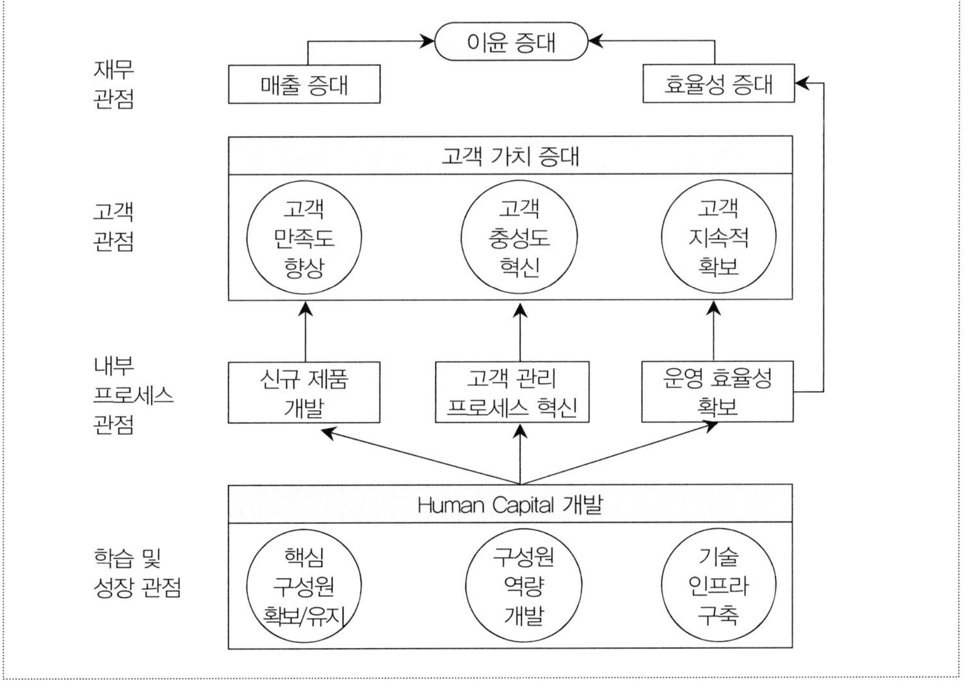

[그림 7] 전략맵

■ 조직 전략도 & 전략 실천에 필요한 프로세스/시스템 등을 보여주는 것이다. 전략 맵은 종업원들의 Jobs이 조직 전체의 전략적 목표와 어떻게 연계되어 있는지를 보여준다. 전략 맵은 가치를 창출하는 원인-결과 관계를 정의하는 것으로써, 회사의 전략을 서술하는 것을 말한다.

■ 전략 맵의 사례는 앞의 그림과 같다.

4. BSC 관점

재무관점

■ 조직에 맞는 올바른 재무적 전략 목표

■ 재무적 시각에서의 핵심 전략적 주제

■ 조직의 주주 만족 극대화를 위한 전략적 시각

- 재무 관점은 주주의 입장에서 기업이라는 투자대상을 바라보는 관점이다. 주주이익의 극대화 또는 기업가치의 극대화를 목표로 하고 있다. 대표적인 재무적 성과지표로는 투자수익률, 경제적 부가가치(EVA),수익성 등이 있다.
- 재무 관점은 기본적으로 주주이익의 극대화 또는 기업가치의 극대화를 목표로 하고 있다. 그것을 회계학적으로 현재까지의 지표 중 비교적 충실히 반영하고 있는 것은 EVA이다. 이에 비해, 재무 지표는 지표가 과거지향적이며, 현재의 가치창출 행동을 반영하지 못하는 경우가 많다. 이는 재무회계의 기본 원칙이 보수적이기 때문이다.
- 재무회계 지표 자체만을 본다면, 재무지표는 고객만족, 품질, 사이클 타임, 종업원 동기부여 등의 개선에 도움을 주지 못한다고 주장하며, 재무적 성과는 단 지 운영활동의 결과 일뿐이다. 또한, 오늘날은 과거의 전통적 경영 관리 시스템이 등장하였던 시대와는 경영환경이 많이 바뀌었다. 기술의 발전이 완만하고 주로 성숙기의 제품이 거래되었던 시장 환경에서는 재무적 지표만으로

도 어느 정도 미래의 성과를 예측할 수 있었던 것이 사실이다.

- 70년대까지만 하더라도 기업의 시장가치와 장부 가치는 그리 큰 차이가 없었으며, 장부가치로서 시장자치를 상당 부분 설명할 수 있었다.투입 비용의 효율적 사용에 초점을 맞추는 것만으로도 기업의 성과를 개선시킬 수 있었다. 그런데 기술 발전이 급격해지고 기업의 규모가 더욱 커지고 경영 환경이 복잡해지면서 상황은 바뀌게 되었다. 따라서 재무적 지표만을 가지고 성과를 측정하는 것은 오류에 빠지는 결과를 초래할 수 있다.
- 그러나 이 재무지표의 비중을 가볍게 여겨서는 안되며 다른 관점의 지표들과 상호 보완적이고 균형적인 관계를 유지해야 한다. 또한 다른 관점에서의 품질,고객만족, 혁신 등과 같은 목표들은 매우 전략적이며 그 자체로도 좋은 것이지만, 그것들은 반드시 재무적인 성과로 연결될 수 있는 성과지표로 구체화되어야 한다. 즉, BSC 의 모든 성과지표의 인과관계는 궁극적으로 미래의 재무 목표와 연결이 되어야 한다. 따라서 재무지표를 선정하고 이것을 모니터하는 것은 간과할 수 없는 매우 중요한 일인 것이다.
- 대표적인 재무적 성과지표로는 투자수익률, 경제적 부가가치(EVA),수익성 등이 있다.

고객관점

■ 외부지향적 조직의 핵심적 내부고객 확인 도구Tools

■ 고객니즈의 효과적 파악을 위한 시장 세분화 활용

■ 조직 성과 성과지표와 고객에 대한 피드백 연결 방안

■ 고객만족에 영향을 주는 성과지표 개발

- 고객 관점이란 고객의 입장에서 고객의 효익이 증가되는 방향을 의미한다. 고

객 관점에서 기업의 가장 중요한 목표는 고객가치의 극대화이고 이는 고객만족도라는 대표적인 성과지표를 통해서 측정될 수 있다. 기업의 입장보다는 고객의 입장에서 기업을 바라보고, 고객의 요구사항을 적극 수용하는 것이 미래의 기업가치를 향상시키는 길이다. 대표적인 성과지표로는 시장점유율, 고객확보율, 고객수익성, 고객유지율, 고객만족도 등이 있다.

- 고객은 상품의 품질, 디자인, 가격, 사후 서비스 등을 향유함으로써 자신의 효용을 증가시키고 궁극적으로 주관적인 만족도가 증가하는 것이다. 고객 관점에서 기업의 가장 중요한 목표는 고객가치의 극대화이고 이는 고객만족도라는 대표적인 성과지표를 통해서 측정될 수 있다.
- 오늘날 대다수 기업들은 고객에 초점을 맞춘 고객중심 경영을 하고 있다. 고객을 생각하지 않는 경영은 있을 수도 없으며, 요즘과 같이 치열한 경쟁사회에서 살아남을 수도 없다. 경영자들은 BSC를 통해서 자사의 고객서비스에 관한 비전을 고객들의 주요관심사항을 반영한 구체적인 성과지표로 나타내야 한다.
- 이때 고객에는 현재 해당 기업과 직접 관계를 맺고 있는 고객뿐만 아니라 잠재적 고객, 사회단체 등 기업을 둘러싼 대부분의 비즈니스 환경 전체를 나타내는 뜻으로서 BSC의 내부 비즈니스 프로세스와도 밀접한 관련성을 지니는데 내부프로세스 관점에서의 지표들이 선행지표가 되고 고객관점에서의 지표가 후행지표가 된다. 즉, 고객의 요구를 만족시키기 위해서 내부 프로세스를 개선하는 것이다.
- 고객을 고려하지 않고 지속적인 성장을 기대하기란 어려운 일이다. 따라서 기업의 입장보다는 고객의 입장에서 기업을 바라보고, 고객의 요구사항을 적극 수용하는 것이 미래의 기업가치를 향상시키는 길이다. 대표적인 성과지표로는 시장점유율, 고객확보율, 고객수익성, 고객유지율, 고객만족도 등이 있다.

내부 프로세스 관점

■ 조직의 핵심 프로세스 파악에 도움을 주는 도구Tools

■ 제품이 품질을 보증하기 위한 프로세스를 진단

■ 고객 기대와 전략 목표를 의미 있는 내부 비즈니스 프로세스 목표로 전환

- 내부 비즈니스 프로세스의 올바른 측정을 파악하기 위하여 가치사슬 모델을 어떻게 사용할 것인가 사례 분석 · 검토해야 한다. 내부 프로세스의 효과성을 극대화시켜 남보다 뛰어난 경쟁력을 확보가 가능해진다. 기업은 고객의 요구를 가장 신속하게 파악하고 충족시켜 주는 내부 프로세스를 보유하고 있으며, 내부 프로세스의 대표적인 성과지표로는 프로세스 타임, 프로세스 품질, 프로세스, 원가 등이 있다.
- 기업들은 다각화되고 빠른 경영환경의 변화 속에서 지속적인 성장을 이룩하고자 각고의 노력을 다해왔다. 사업 구조 조정, 부채 비율 축소, 리엔지니어링을 통한 비용 절감 등이 그것이다. 그러나 이러한 정량적 측면의 개선만으로는 이러한 목표를 달성할 수 없다. 좀 더 적극적인 자기반성과 기업 내 프로세스를 점검하고 재설계하는 것이 필요하다. 즉, 내부 프로세스의 효과성을 극대화시켜 남보다 뛰어난 경쟁력을 확보해야 하는 것이다.
- 내부 프로세스란 기업 내의 원재료, 정보, 사람 등과 같은 입력요소를 제품과 서비스 등의 산출요소로 변환시키는 과업이나 활동들의 집합을 의미한다. 예를 들면 신제품 개발, 주문 처리, 자원 배분 등이다. 기업은 이러한 비즈니스 프로세스를 활용하여 고객의 기대를 충족시키고 기업의 전략을 성공적으로 실행할 수 있다.
- 따라서 기업은 고객의 요구를 가장 신속하게 파악하고 충족시켜 주는 내부 프로세스를 보유함으로써 점점 더 심화되어가고 있는 경쟁에서 승리할 수 있다.
- 이 내부 프로세스 관점에서 우리 기업은 어떤 점에서 탁월해야 하는가? 라는

질문에 답을 할 수 있어야 하는데 자신 기업만의 고유한 핵심역량을 파악해 향상시킴으로써 고객의 욕구를 충족시키고 궁극적으로 기업의 재무성과와 연결시켜야 하는 것이다.

- 내부 프로세스의 대표적인 성과지표로는 프로세스 타임, 프로세스 품질, 프로세스, 원가 등이 있다.

학습 및 성장 관점

- 조직의 전략, 장기적 성장 및 개선을 위한 목적
- 미래환경에 적응과 주도를 위한 조직의 장기적 안목을 지표로 전환
- 조직 학습 및 성장을 촉진하는 전략적 목표와 성과지표 개발한다. 조직 구성원, 시스템, 인프라, 프로세스와 관련된 전략적 목표와 성과지표를 파악하고, 종업원 동기부여와 사기에 영향을 주는 전략적 목표와 성과지표를 설정한다.
- 학습과 성장 관점에서는 종업원의 지식가치의 극대화가 목표이며,이는 직무만족도가 높은 경우에 가능하다. 대표적인 지표로는 종업원 만족도, 직무만족도, 직무몰입도 등이 있다.
- 기업이 지속적으로 가치를 개선하고 새롭게 창출할 수 있는 근저에는 학습이 있다. 그리고 이러한 학습의 주체는 엄밀한 의미에서는 기업이라는 실체가 아니고 종업원이다. 학습과 성장 관점은 종업원의 입장에서 프로세스 혁신을 위한 인프라이다.
- 학습과 성장 관점에서는 종업원의 지식가치의 극대화가 목표이며,이는 직무만족도가 높은 경우에 가능하다. 글로벌 차원의 무한 경쟁이 격화되어가고 있는 지금의 시대는 기존의 강점이 미래의 약점으로 바뀌는 패러다임 역전의 시대이다. 과거의 성공 요인에 집착하는 기업은 지속적인 개선과 변신을 통해 독창적인 내부 핵심 역량을 축적해 나가는 기업에게 패하게 될 것이다. 또한 점점 더 기존 제품과 업무 프로세스에 대한 지속적인 개선과 전혀 다른 신

제품을 개발·출시할 수 있는 능력을 요구한다. 그러므로 이러한 요구에 대응하기 위한 기업의 핵심 역량 강화는 바로 구성원의 역량을 제고시키고, 기업의 학습능력을 개발하는 것이다. 즉, 기업의 혁신 및 개선, 학습능력은 그 기업의 가치창출과 직결된다.

- 학습 및 성장 관점에서는 앞의 세 가지 관점에서 설정한 목표를 성취하는데 필요한 기업의 핵심역량을 파악하고 세부적인 성과지표를 선정하게 되는데, 한 예로 기업의 구성원에 대한 교육 훈련 투자를 강화함으로써 생산성이 향상되고 결과적으로 기업의 성과 증대로 이어지게 되는 것이다.
- 대표적인 지표로는 종업원 만족도, 직무만족도, 직무몰입도 등이 있다

각 관점의 지표 및 목표, 이니셔티브에 대한 사례는 다음과 같다.

[표 2] 관점 별 성과지표 및 목표

관점	전략적 목표	성과지표	목표	이니셔티브
고객관점	고객만족도 제고	정책만족도	2013년도 비교 20% 향상	국민 의견을 반영한 정책 개발
		정책 평가 점수	평균 1점 이상 향상	정책의 타당성 검증 프로세스 구축
	행정서비스 만족도 제고	민원 서비스 만족도	2013년도 비교 20% 향상	직원 교육
		불만 접수 건수	월 100건 이하 접수	서비스 불만족 해결 채널 구축

4시각 이외의 시각 개발

BSC의 창시자인 Norton과 Kaplan은 BSC 본연의 의미인 균형Balanced을 고려하기 위하여 4 가지 시각만으로 충분하다고 하였다. 그러나 적용대상에 따라서 4시각 이외의 시각을 개발할 필요가 있으며, 기존 시각을 변경할 필요가 있다. 예를 들

어 정부 BSC의 경우 정부의 목적이 이윤 극대화가 아니기 때문에 재무시각을 가치시각 등으로 변경하는 것이 바람직하다. 또한 SW 회사의 경우 기업 R&D에 대한 투자가 매우 중요하므로 R&D 관점을 추가할 수 있다.

5. 성과지표 정의

성과지표의 활용

- 첫째, 미래를 예측하여 목표와 기준을 설정하는 수단으로 이용된다.
- 둘째, 계획의 집행과정에서 성과지표는 기업 구성원들이 취해야 할 행동방향을 제시해 주고 또, 업무진행과정을 감독·조정하는 수단으로 이용된다.
- 셋째, 시행결과의 평가단계에서 실태와 성과를 분석하고, 문제점을 발견하는 수단으로 이용된다.

경영관리와 성과지표의 연관관계

- 첫째, 미래를 예측하여 목표와 기준을 설정하는 수단으로 이용된다. 즉, 계획 수립 과정에서 과거의 경영실태와 성과에 관한 지표의 변동추이를 살펴봄으로써 미래의 상황을 예측할 수 있고, 이 예측결과는 목표나 기준 설정의 기초가 된다.
- 둘째, 계획의 집행과정에서 성과지표는 기업 구성원들이 취해야 할 행동방향을 제시해 주고 또, 업무진행과정을 감독·조정하는 수단으로 이용된다. 목표를 성취하기 위한 지표들이 설정되므로 이들 지표에 의해 자원·정보의 조직화나 사업의 시행과 같은 집행과정에서 기업 구성원들이 용이하게 행동방향을 결정할

수 있고 관리자들도 이들의 활동이 목표, 기준 등에 적합하게 수행되고 있는지의 여부를 파악하여 지도할 수 있게 된다.

- 셋째, 시행결과의 평가단계에서 실태와 성과를 분석하고, 문제점을 발견하는 수단으로 이용된다. 의도하는 결과가 곧 목표나 기준이며, 실제 달성한 결과가 성과이므로 이들 간에 차이가 발견될 때 지표를 이용하여 그 원인을 체계적으로 규명할 수 있고, 이를 기초로 문제점의 개선, 시정을 위한 대책도 마련할 수 있다.

좋은 성과지표의 특성

- 고객이나 관련요청, 공급자의 요구를 반영하는 성과지표이어야 한다.
- 지속적으로 평가 가능해야 한다.
- 단순하고 이해하기 쉽다.
- 모호하지 않으며, 일관성이 있고, 추상적이 아니라 구체적인 정의가 되어있다.
- 성과지표를 설계하고자 할 때는 이 지표들의 연계관계에 대한 가정을 하고 어떠한 지표가 원인이 되고 어떠한 지표가 결과가 되는지를 파악하는 것이 중요 하다.
- 성과지표는 기업의 전략과 일치하여야 한다. 기업이 추구하는 전략과 성과지표의 불일치는 많은 문제를 발생시킬 수 있기 때문에 성과지표를 선정할 때는 각 기업의 전략을 충분히 이해하고 전략에 맞는 지표들을 결정하여야 한다.

좋은 성과지표의 특성을 살펴보면 다음과 같다.

- 이해관계자stakeholder의 만족을 대리한다. 즉, 고객이나 관련관청, 공급자의 요구

를 반영하는 성과지표이어야 한다.

- 취약함weakness이나 결점defect중심이고 지속적으로 평가된다. 개선해야 할 부분을 지속적으로 관리함으로써 성과의 개선을 꾀할 수 있다.
- 단순하고 이해하기 쉽다.
- 모호하지 않으며, 일관성이 있고, 추상적이 아니라 구체적인 정의가 되어있다.

Chapter 03

전략조직으로서 BSC

전략 실패의 원인 • 장벽극복의 대안으로 BSC • BSC의 역할 • BSC의 성공적 전략실행을 위한 방안

1. 전략 실패의 원인

의사소통의 부재

■ 1월 2일 기업들의 CEO가 신년사를 통해 새로운 기업의 비전과 전략을 제시한다. 하지만 이를 실제로 수행하는 구성원들은 이를 공감하지도 못할 뿐만 아니라, 추진하고자 하는 의지 또한 존재하지 않는다. 많은 기업에서 전략이 단순히 신년사 수준의 구호 수준에만 머무르고 있는 것이다. 전략이 CEO 수준에서 머무르고 구성원들에 파급되지 않는 이유는 전략의 구체적 실행방안이 도출되지 않았기 때문이고, 이를 관리하지 않았기 때문이다. 동일한 전략을 추진함에 있어서도 구성원들은 서로 각기 다른 생각을 하게 된다는 것이다. 구체적인 전략 추진 실행방안을 제공하지 않을 경우, 기업의 자원은 갈 길을 잃은 양처럼 흩어져버릴 것이다.

조직 내 전략실행의 장벽

■ 전략의 성공 확률은 10%에도 미치지 못하고 있다. 비전 달성을 위한 거의 모든 전략이 실패하고 있다고 볼 수 있다. 전략실패를 이끄는 가장 큰 요인이 조직 또는 기업 내에 존재하는 소통과 공유의 부재이다. 기업의 비전이 구축되어 있고, 이의 달성을 위한 세부 전략이 도출되었을지라도 전략을 실제로 실행시키기 위해서는 한계가 존재한다. 그 한계는 의사소통의 장벽으로부터 야기된다. 아래

그림과 같이 기업 구성원 대부분은 기업의 비전 또는 기업의 전략을 달성하기 위해 구체적으로 본인이 수행해야 되는 업무에 대해서 이해하지 못하고 있다. 또한 이해를 하였을지라도 전략과 실행방안 간의 연결고리 부재로 성공을 거두지 못하고 있다.

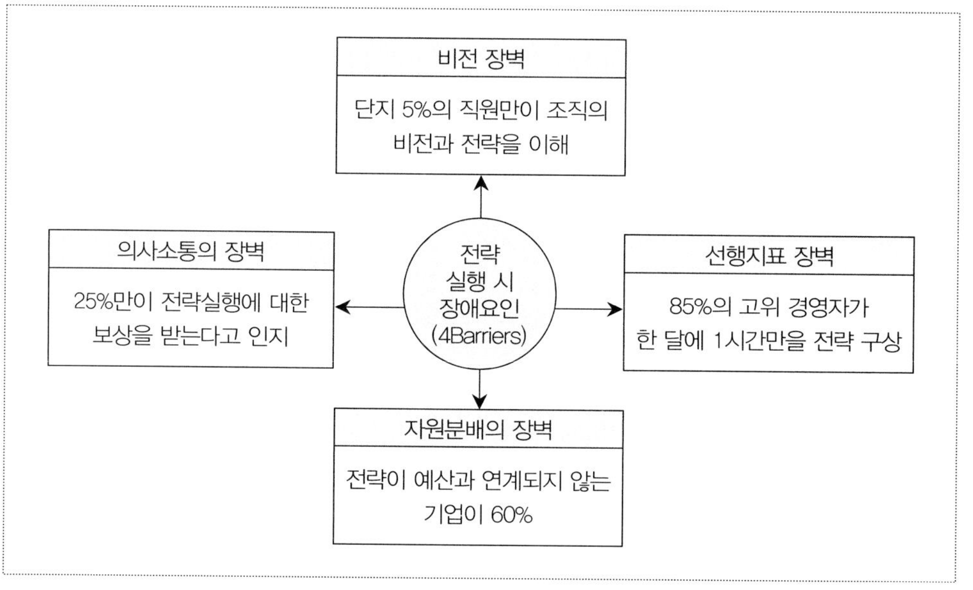

[그림 8] 의사소통의 장벽 Kaplan & Norton, 1992.

전략 및 비전 공유의 장벽

- 거의 모든 기업은 의사결정자가 추구하고자 하는 비전과 미션을 선언하고 있으며, 이를 추진하고자 전략을 도출하여 공유를 하고 있다. 그러나 비전 및 전략에 대한 이해도가 5% 미만으로 매우 낮다. 비전의 가치가 의사결정자가 외치는 선언적 문구에 지나지 않고 있으며 기업의 구성원들의 비전에 대한 공유가 매우 낮다는 것이다. 이는 의사결정자가 비전을 정확하게 소통하지 않은 이유도 있지

만, 구성원들이 비전을 달성하기 위해 수행하여야 할 업무와 목적을 알지 못하기 때문이다. 비전을 이해하였을지라도 구성원들 각각이 비전을 달성하기 위해서 추진해야 할 목적을 구체적으로 알지 못하고, 이에 대한 소통과 공유가 없기 때문이다.

의사소통의 장벽

■ 비전을 달성하기 위해 각자의 역할을 이해하였을지라도 구성원들의 동기를 자극하지 않으면 수행되지 않는다. 기업의 구성원들이 자신의 역할을 이해하고 이를 적극적으로 수행하도록 하기 위해서는 인센티브와 포상과 같은 동기자극이 필요하다. 그러나 인센티브, 포상과 같은 동기자극과 전략목표달성과 연계가 25% 미만으로 매우 낮다. 기업의 구성원들이 자신의 역할과 목적을 이해하고 있을지라도 실제적으로 수행하게 만드는 동인이 부족하다는 것이다. 비전 달성하기 위한 업무가 아닐지라도 기업의 포상과 인센티브와 같은 인사 가점을 받을 수 있으며, 이러한 부적절한 고리는 기업의 자원을 한 곳에 집중하지 못하고 흩어지게 만드는 원인이 된다. 이는 결국 아무리 좋은 비전과 전략이 있고, 이를 수행할 수 있는 자원이 있을지라도 기업을 실패로 이끄는 가장 큰 요인이 된다.

선행지표에 대한 이해의 장벽

■ 기존 기업의 경우 기업 가치 평가를 위해 대부분 재무지표에만 의존하고 있으며, 이로 인해 선행지표 즉 비재무지표에 대한 이해도가 매우 낮은 편이다. 비전 및 전략을 공유하기 위해서 이루어지는 회의는 월 평균 1시간 미만이며, 92%정도가 선행지표를 보고자료로 사용하지 않고 있다. 재무지표가 중요하지 않은 것이 아니라 재무지표만큼 비재무지표도 중요하다. 후행지표로써 기업의 성과를 알려주는 성과지표도 중요하지만 기업의 핵심역량을 향상시키기 위한 투자

로써 선행지표 또한 중요하다는 것이다. 하지만 선행지표에 대한 이해도 부족과 중요성 간과는 거의 모든 구성원들이 선행지표를 실제 기업 내 업무 프로세스에 사용하지 않도록 유도하고 있다.

자원분배의 장벽

- 전략을 효과적으로 수행하기 위해서는 예산과 자원의 할당이 필요하다. 그러나 대부분의 기업에서 예산 및 자원의 분배가 전략수행을 위해 사용되지 못하고 있다. 기존 업무, 즉 기업 유지를 위해서 기본적으로 수행되어야 할 업무를 위해서 예산과 자원이 분배되어 있으며, 추가적으로 발생되는 전략달성을 위한 예산과 자원은 분배되어 있지 않은 것이다. 따라서 기업의 구성원들은 전략 달성을 위한 업무를 추가적으로 주어지는 부담으로만 간주하고 있으며, 업무 양의 가중을 주는 불필요한 행위로 인식하고 있다.

전략경영 프로세스를 대부분의 조직이 간과하고 있다.

- 전략을 달성하기 위해서는 관리와 운영 및 자원의 집중이 필요하다. 그러나 전략실천을 위한 고리가 결여되어 있다. 조직 내에 전략 고리의 결여는 자원이 전략 달성을 위한 곳에 투자가 집중되는 것을 막아 전략 실패를 이끌게 된다.

2. 장벽극복의 대안으로 BSC

장벽 극복에 대한 잘못된 판단

- 대부분의 CEO들은 장벽극복을 위해서 비전에 사용되는 용어를 손쉬운 용어로 변경하거나 명쾌한 비전을 수립하는 것을 판단한다. 따라서 CEO들은 비전을 변경하는 것으로 전략달성을 꾀한다. 그러나 좋은 비전이 확립되었다고 해서 각 부문과 개인의 운영목표에 곧바로 영향을 주리라고 생각하는 것은 잘못 것이다. 비전의 용어가 한다. 대부분의 CEO들은 선언적으로 전략을 제시만 하고 있으며, 구성원들에게 전략을 체화시키는 과정을 무시하고 있다.

- BSC는 집중과 정렬을 통하여 효과적인 전략수행이 가능하도록 성과지표를 사용하는 도구이자 프로세스이다.

- BSC는 Top-Down으로 비전을 수행하기 위해 미션을, 미션 달성을 위한 핵심성공요소를, 그리고 핵심성공요소 달성을 위한 목적을 제시한다. 이러한 프로세스를 통해 기업 내의 사업부 단위, 팀 단위, 가장 최소단위로 개인의 역할을 명확히 제시한다. 비전 달성을 위한 구성원들의 역할을 명확히 제시함으로써, 비전이 공유와 소통을 비전과의 연계되어있는 고리를 파악하는데 한계가 존재한다. 이러한 한계를 극복하고 전략달성도의 효과적이고 객관적 측정이 가능한 투입요소와 올바른 데이터의 확보를 가능케 하는 것이다 BSC이다.

■ 기업들은 실패를 확인하지도, 그 실패로부터 학습도 못하고 있다. 수행도를 파악할 수 없기 때문에 무엇이 문제인지도 파악하지 못하고 있는 것이다. BSC는 전략적 피드백 프로세스를 통해 전략 달성과 연계되어 있는 단위 사업과 업무를 파악하고 실패를 유도한 핵심부분을 도출할 수 있다. 따라서 실패로부터 피드백을 유도하고 이를 통해 학습이 가능해진다.

전략의 효율적 달성을 이끌고 자원 투자의 집중화를 위해서는 전략 고리의 강화가 필요하다.

■ 성공적인 BSC 프로그램은 측정 프로젝트가 아니라 변화 프로세스 의 인식에서 시작된다. 따라서 BSC를 측정을 위한 수단이 아닌 전략실행 도구로서 이해하는 단계가 필수이다. BSC를 성과지표를 도출하기 위한 수단이 아닌 전략조직 달성을 위한 전략 실현 수단으로 이해하여야 한다. BSC를 통해 모든 기업의 자원이 전략달성을 위한 투자로 이어지도록 하여야 한다. 즉 전략 달성을 위해 필요한 핵심성공요소의 도출과 이의 달성을 위한 자원의 집중적 투자가 필요하다.

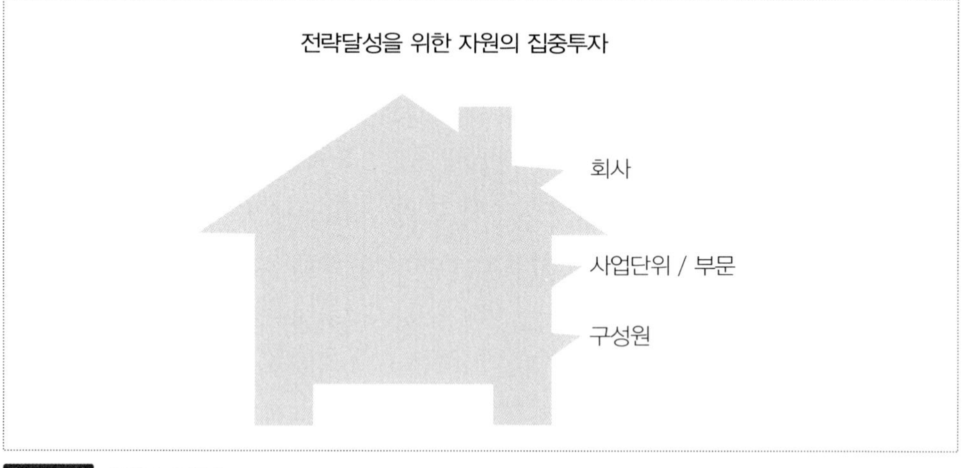

[그림 9] 전략과의 연계

3. BSC의 역할

전략의 구체화 작업과 하위조직의 세분화을 통하여 전사전략을 조직단위와 연계하며, 경영진에게 전략수행과정을 모니터링 할 수 있는 체계를 제공함으로써 조직단위 사이에 효과적인 의사소통 도구로서의 역할을 담당할 수 있다.

- 기업 내부의 전사 및 사업부, 그리고 팀 차원에 맞게 전략을 세분화하는 것이 BSC이다. 세분화 과정은 다음 그림과 같다.

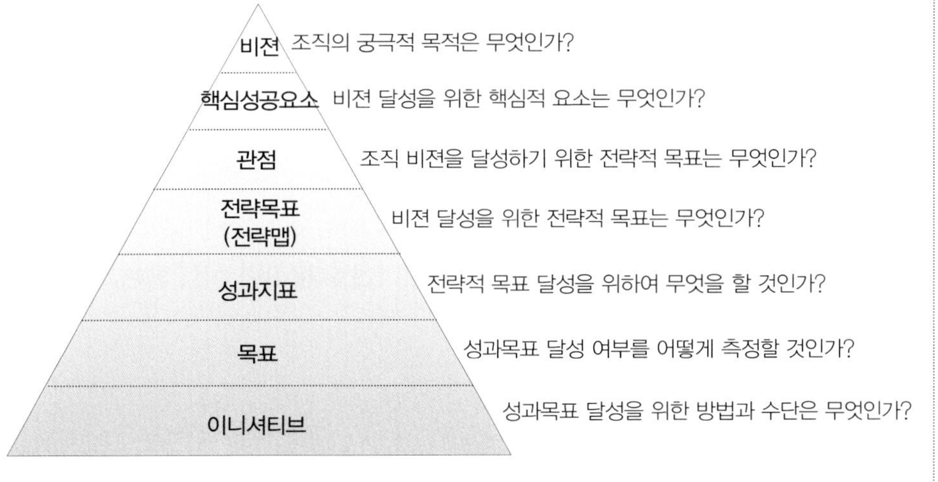

[그림 10] BSC 단계

비전, 전략, 핵심성공요인 그리고 성과지표를 통한 세분화를 통해 Bottom-Up에서는 기업이 얼마나 전략을 잘 수행하고 있는지를 Top-Down에서는 전략달성을 위해 무엇을 할 수 있는지를 알려주게 된다. Top-Down을 통한 전략을 구체화 Bottom-up을 통한 전략수행정도를 통해 전략조직의 달성을 가능케 하는 것이다. 이의 구체적인 방식과 내용은 다음 그림과 같다.

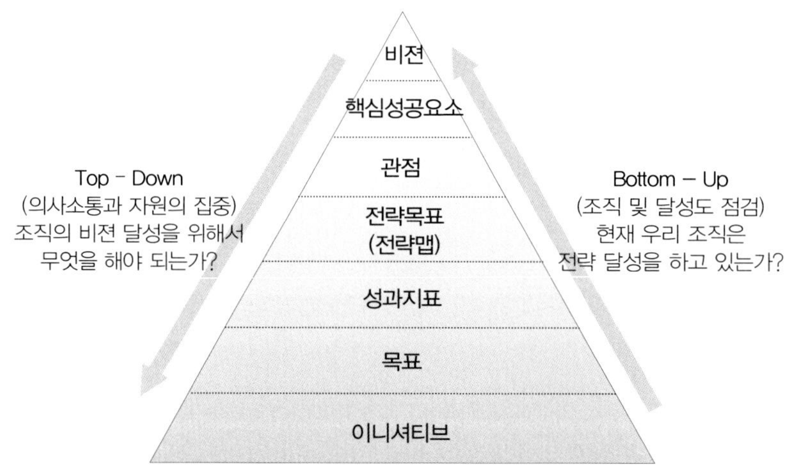

[그림 11] BSC top-down & bottom-up

BSC는 회사의 전략과 목표를 집중적 커뮤니케이션을 통하여 직접 행동으로 옮기도록 하는 통합된 균형 업적평가제도이다.

- 집중과 정렬/연계focus & alignment을 통하여 효과적인 전략수행이 가능하도록 성과지표를 활용하는 툴이며 프로세스이다. 전략을 성공적으로 수행하도록 하는 틀framework을 제공한다. 측정 가능한 것만이 관리가능하며, 관리가능 한 것만이 도달할 수 있다. BSC는 비재무적요소 뿐만 아니라 무형자산을 측정하기 위한 성

과지표를 도출하고 이를 관리하는 수단을 제공함으로써, 전략의 달성을 이끈다.

- 네 가지 관점의 균형을 통해 성과지표가 재무지표로 제한되는 한계점을 극복 가능케 하고, 경영전략을 추진하기 위한 방안의 구체화가 가능케 한다. 네 가지 관점이 유기적이고 인과적으로 구성됨으로써, 한 가지 활동이 독립적으로 존재하는 것이 아니라, 다른 활동을 자극하고 활성화시키는 견인역할을 수행하게 된다. 각 관점 별 목표 및 관점 별 내용은 다음 그림과 같다.

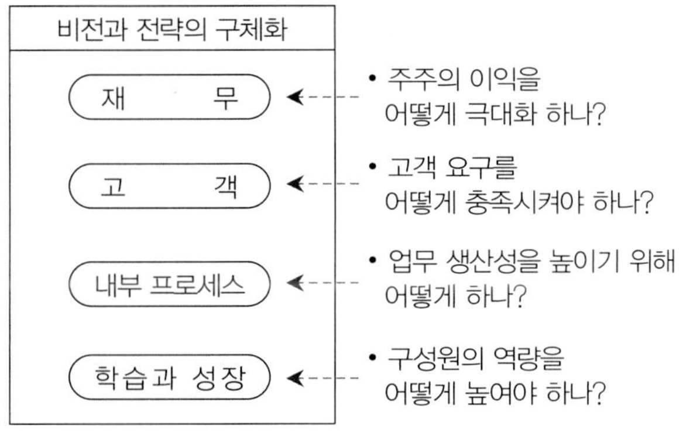

[그림 12] BSC 관점

통합 경영시스템으로서의 BSC

- BSC는 단순한 업적평가시스템이 아니다. 전략경영-실천-평가-보상 시스템의 통합개념으로서, 지식경영과 학습조직 그리고 프로세스 혁신, 활동 중심의 재무전략과 가치 경영, 활발한 커뮤니케이션 등을 기반으로 한다.

- BSC는 하나의 측정시스템으로 작동하는 것이 아니라, 기업의 보상시스템과 유기적으로 협조하고, 기업의 전략으로부터 산출되는 시스템이다. 기업 전략, 성

과시스템 그리고 기업 보상시스템으로 전사차원에서 이용된다. 즉 단순 성과측정시스템으로서 BSC가 아니라 기업 전략을 달성하기 위한 통합 경영시스템으로 BSC를 이해하여야 한다.

■ BSC를 통해 산출된 성과지표를 통해 프로세스관리 및 인사관리, 가치기반경영, 기업혁신, 학습조직의 구현 그리고 피드백의 저장과 활용을 통한 지식경영을 실현할 수 있다. BSC의 주요활동과 이를 통해 구현 가능한 경영혁신 개념은 다음 그림과 같다.

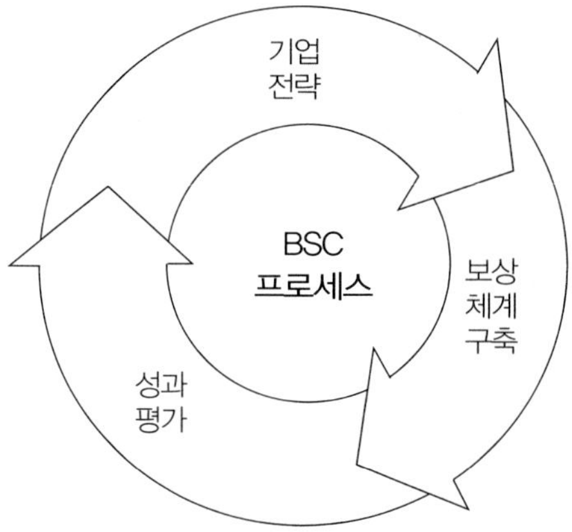

[그림 13] BSC 프로세스

■ 경영 혁신 프로세스는 전략을 Top으로부터 Bottom으로 이동시키는 데 있어서 매우 중요하다. Top-Down 방식으로 전략을 세부실행방안으로 구체화하는 것이 BSC이다.

■ BSC 성과지표와 목적에 대한 교육 및 전략적 마인드, 그리고 개인 목표와의 연계와 인센티브 조정을 통해 최고경영자부터 실제 운영자까지 공통 목표인 전략

의 수행과 집중이 가능해 진다. 임직원들의 전략에 대한 이해와 구성원들의 공통적 이해가 전제되어야 전략의 수행과 집중이 가능하다. 아래 그림과 같은 의사소통의 부재가 발생되지 않도록, Top-down 방식의 세부실행방안을 마련해 주어야 한다.

BSC 성과관리 프로세스

- 성과관리 프로세스는 개인과 부서의 행동에 방향성을 제시하는 강력한 도구로서, 개인과 부서의 전략이 회사의 전략과 부합하여 각 영역에서의 성과 극대화가 회사 전체의 성과 창출로 연계될 수 있도록 하는 시스템이라고 할 수 있다.
- 성과관리는 사업계획, 이행점검 및 평가보상의 관리 3요소를 포괄하는 것으로서 회사 전략의 실행을 관리하기 위한 기반을 제공한다. BSC는 성과관리를 위한 핵심도구로써, 성과관리의 3요소를 제공한다.

4. BSC의 성공적 전략실행을 위한 방안

4.1. BSC 구축 단계 성공요인

BSC의 성과 지표는 기업의 비전과 전략적 목표를 연계하는 지표여야 한다. 또한 평가 항목/지표간에 기업의 성과 달성을 위한 상호 인과 관계를 분석할 수 있어야 한다.

- 이 원칙은 BSC의 가장 기본적인 구호와도 같다. 그러나 현실에서는 단순히 평가 지표의 나열에 불과한 리스트식 BSC도 많이 살펴볼 수 있다. 제대로 된 BSC는 일련의 평가 항목/지표의 상호 작용을 통해 최종 재무적 성과가 달성되는 사전적인 목적 항목 및 선행 지표 등이 도출될 수 있어야 한다. 각 목적 항목은 기업의 비젼 및 전략을 반영해야만 한다.

전사 차원의 도출된 BSC가 사업부 단위의 BSC, 팀 단위의 BSC, 그리고 개인 단위의 BSC와 공통의 전략달성을 목표로 하여야 한다.

- 제대로 된 BSC라면 전사 차원의 BSC가 하부 조직 단위의 BSC와 동질성을 유지하면서 기업 구성원의 모든 레벨에 걸쳐 적용될 수 있어야 한다. 즉, 전사 차원의 BSC와 사업 부문 단위의 BSC, 부서 단위의 BSC, 팀 단위의 BSC 등 조직 단위의 BSC와 CEO의 BSC, 사업 부문장의 BSC, 부서장의 BSC, 팀장 및 팀원

의 BSC 등 개인 단위의 BSC가 서로 동질성 및 일체감이 있어야 한다는 것이다. 이렇게 함으로써 전사 차원의 전략적 목표와 하부 조직 단위의 전략적 목표 및 개인 단위의 전략적 목표 달성을 위한 활동 간의 연계성을 제고할 수 있으며, 이렇게 되어야만 기업의 전략적 목표가 실제 성과로 연계될 수 있는 것이다.

정량적인 정보뿐만 아니라 정성적인 정보도 도출될 수 있어야만 올바른 BSC이다.

- 이것이 아마도 일반적 성과 평가 시스템과 제대로 된 BSC를 구분할 수 있는 가장 대표적 특징일 것이다. 단순히 수치로서 분석이 가능한 핵심성과지표(KPI)만을 도출해 낸 평가 시스템은 BSC가 아니다. 오늘날 기업은 재무적 평가 지표뿐만 아니라 비재무적 평가 지표도 측정하고 관리할 수 있는 평가 시스템이 필요하다. 예를 들면, BSC는 평가 대상/항목에 대한 수치 측정을 통해 그 달성 정도를 측정하는 동시에 관련 관리자의 달성 여부의 난이도에 대한 정성적 평가도 함께 고려함으로써 기업의 성과 달성에 대한 공정한 평가를 실시하고자 한다.

BSC 성과관리시스템의 UI(User Interface)가 사용하기 수월해야 한다.

- 사용편의성은 모든 시스템의 핵심적 요소이다. 보기 좋은 UI를 구성하는 것이 아니라 사용하기 쉬운 UI를 구성해야 한다. 사용하기 쉽다라는 것은 사람의 직관적 판단을 반영하는 시스템이라는 것이다. 사용자가 추측할 수 있는 메뉴 구성과 사용자가 손쉽게 적용 가능한 UI를 구축해야 한다. 사용의 수월성이 높아야지만 사용자들이 어렵지 않게 성과관리시스템에 접근할 수 있으며, 접근성이 높아져야지만 사용도가 높아진다.

기업의 모든 자원이 전략달성에 초점을 두어야 한다.

- BSC의 가장 큰 장점은 기업의 모든 자원이 전략 달성에 초점을 두고 시행할 수 있도록 지원한다는 것이다. 즉 전략조직을 구축한다는 것이다. 전략조직의 구축을 위해서는 Top-Down의 강력한 리더십이 필수이다. 조직의 비전과 전략을 명확히 설정하고 이를 공유하여 공감대를 형성해야 한다. BSC 구축을 통해 조직의 전략 목표를 성과로 연계하기 위해서는 조직의 모든 구성원이 BSC라는 경영 도구를 십분 활용할 수 있도록 해야 된다. 이를 위해서는 전사적으로 통일된 BSC 시스템의 구축 및 인트라 넷 등을 활용하여 그 접근성을 제고할 필요가 있을 것이다. 전사적으로 모든 구성원이 동일한 전략적 용어를 사용하여 동일한 목표를 인식하고 전략을 추진 및 시행하고 있다는 것을 강하게 인식해야 한다.
- 전사 BSC, 사업부 BSC, 팀 BSC, 개인 BSC 간의 강한 연결고리를 구축하여 각 개인의 활동과 자원의 활용이 전략과의 연계성이 있다는 것을 구성원이 이해해야 한다. 개인업무가 조직의 전략 달성에 기여하고 있다는 공감대 형성과 개인업무의 달성도를 기반으로 성과평가 및 보상이 주어진다는 이해 형성이 필수이다.

다른 시스템과 일체감 있게 구축/통합되어야 한다.

- BSC 중심의 성과관리시스템은 ERP 시스템에 통합되어 구축되어야 한다. 전사적자원관리시스템인 ERP 시스템과 별개로 존재할 경우 BSC가 구축될 수 있는 범위가 극히 제한적일 수밖에 없다. 조직 자원의 총괄적 관리와 전략을 향한 화살을 겨누기 위해서는 지원의 자원을 전사적으로 관리하는 시스템과 연동하여 BSC 성과관리시스템이 구축되어야 한다.

4.2. 성공적 전략수행을 위한 요인

TOP으로부터의 리더십

- BSC는 Top Down의 구축전략을 기본적으로 가지고 있다. 따라서 무엇보다도 CEO의 리더십이 가장 중요하다. 변화를 위한 위기의식과 변화 활동에의 집중이 이루어질 수 있도록 강력한 리더십을 발휘해야 한다.
- 보다 훌륭하고 전략적인 의사결정 정보를 획득하고 이를 토대로 전략에 집중하고 학습하는 조직이 될 수 있도록 CEO가 적극 지원해야 한다.

모든 구성원의 Job으로서의 전략

- 일상 업무와 전략적 목표와 연계를 통해 모든 구성원의 하루하루 업무가 전략과 연계되어야 한다. 개인 업무가 전략과 연계되고, 개인 업무 목표 달성 시에 인센티브 및 포상을 제공하는 시스템을 구축해야 한다. 나아가 구성원들 각각이 전략을 추진할 수 있는 여력, 그리고 이를 지원하는 자원이 제공되어야 한다.

지속적인 프로세스로서의 전략

- 핵심 실천 프로그램의 전략적 목표, 그리고 이를 뒷받침하는 자원이 지속적이고 연속적으로 확보 및 제공되어야 한다. 전략적 책무와 보상이 연계되어 조직이 연속적으로 업무를 수행하여 궁극적 목적인 전략조직이 될 수 있도록 한다.

숨겨진 자산의 형식지화 및 집중화

- 실패로부터의 피드백을 통한 학습, 그리고 지식의 재창출, 나아가 지식의 저장 및 공유를 통해 자산의 형식지화와 집중화를 꾀한다.

건전한 위기의식(긴급성) 확립

- 시장과 경쟁적 환경을 냉철하게 분석해야 한다. 이를 통해 위기와 주요한 기회를 확인하고 위기의식을 고조하여 구성원들 간의 공유를 얻을 필요가 있다.

연합/합동의 창출

- 변화를 리드할 충분한 힘을 가진 그룹을 묶어, 그 그룹이 하나의 팀으로서 일을 하도록 한다. 이를 통해 전략 중심의 조직을 구성할 필요가 있다.

비전 및 전략의 개발

- 전략에 대한 명확하고 간결한 표현을 추구한다. 변화노력의 방향을 제시하는 비전을 창출하고, 그 비전 달성을 위한 전략을 개발한다.

변화된 비전의 확산 및 공유

- 새로운 비전과 전략을 커뮤니케이팅 하기 위한 모든 수단을 활용한다. 비전에 대한 소통과 공유가 모든 업무 중에 선제되어야 한다. 단순히 조직 내의 소통과 공유뿐만 아니라, 고객 및 종업원과의 개선된 커뮤니케이션 관계를 구축한다.

폭 넓은 권한과 책임의 위임

- 장애를 스스로 판단하고 제거할 수 있도록 권한을 위임하고, 이를 통해 새로운 비전을 훼손시키는 시스템이나 구조를 자율적으로 변경할 수 있도록 한다. 그에 대한 책임은 수반될 수 있도록 하며, 비전통적인 아이디어와 행동을 장려하여 지속적이고 자율적인 전략조직의 구축을 유도한다.

단기간 내 성공 창출

- 성과나 성공win에 있어서 가시적 개선을 위한 기획 그와 같은 성공의 창출이 중요하다. BEST Practice를 통해 가능하다는 긍정적 인식과 추진할 수 있다는 도전의식을 유도할 수 있다. 또한 그와 같은 성공을 한 사람들에 대한 공개적 인정과 보상을 통해 지속적으로 혁신하는 전략조직의 구축을 유도한다.

획득한 이익의 강화 및 더 많은 변화의 촉진

- 새로운 비전에 적합한 모든 시스템, 구조 및 정책에 대한 높아진 신뢰성 활용한다. 비전을 실천할 사람의 채용과 승진을 통해 변화에 대한 동기를 자극한다. 새로운 프로젝트와 Change Agents를 포함한 프로세스에 활력을 다시 부여하여, 연속적으로 BSC 프로세스가 순환할 수 있도록 지원한다.

4.3. 실패 원인

실무자 중심의 BSC 추진

- BSC는 최고경영자의 의지와 최고경영자의 조직에 대한 의지가 가장 중요하다. 조직 내에 성과관리시스템을 구축하고, 전략조직을 도입하기 위해서는 최고경영자의 리더십이 가장 중요한 요소라고 볼 수 있다. 실무자 중심의 BSC를 추진하게 될 경우, 조직의 전략 실천이라는 BSC의 핵심요소를 소홀히 할 수 있다. 따라서 BSC는 최고경영자 중심으로 도출되어 운영 및 유지되어야 한다.

BSC에 대한 이해 부족

- BSC는 성과지표를 도출하기 위한 수단이 아니다. BSC를 단순히 조직의 Capability를 측정하기 위한 수단으로 이해하고 이로만 사용하기 때문에 BSC 도입에 실패하게 된다. BSC에 대한 자원의 능동적 할당을 위한 예산 및 조직인력 자원의 배치 미흡은 아무리 잘 짜여진 BSC일지라도 조직 구성원들의 동인을 자극하는 데 한계에 부딪혀 실패하게 된다.

혁신에 대한 의사소통 실패

- BSC 도입을 토대로 조직을 혁신하고자 하는 공감대 형성에 실패할 경우, BSC에 대한 추진의지가 상실케 된다. BSC 도입을 통해 전략 달성을 목표로 하는 조직을 구성하고 상황에 적극적으로 대처할 수 있는 유기적 조직 공동체를 구성하고자 하는 의지와 이에 대한 공감대가 BSC 도입 이전에 형성되어야 한다. 조직 구성원들의 적극적 참여가 조직을 유기적 공동체로 변화를 활발하게 일으킬 수

있고, 전략의 효과적 달성을 목표로 하는 조직이 구성될 수 있다. BSC를 도입함에 있어서 사전단계로써 BSC에 대한 이해 부족 및 혁신에 대한 공감대 부족은 전략조직의 구축을 방해하는 가장 큰 장애요인으로 작용한다.

Chapter 04

BSC 설계방안

BSC 구축 프로세스 • 작성방안

1. BSC 구축 프로세스

BSC 구축 프로세스는 다음 그림과 같다.

- BSC는 Top-Down으로 추진되어야 한다. 전략조직을 목표로 하기 때문에 최고 경영자가 조직의 전략적 목적인 비전을 제시하고 이를 달성하기 위한 전략을 제시하는 것이 시발점이 되어야 한다. 비전과 전략을 제시하는 것은 혁신의 필요성과 혁신에 대한 강한 실행력을 보여주는 것이다. 이를 바탕으로 조직 구성원들의 적극적인 참여를 독려하며, 전략조직에 대한 조직 구성원의 공감대를 형성할 수 있다.

- 다음으로 전략을 운영상의 용어로 전환한다. 조직 차원의 전략은 사업부 단위, 팀 단위의 관점에는 상관없거나 상관도가 매우 떨어지는 차원의 용어일 수 있다. 이러한 괴리감, 즉 장벽을 해소하고자 조직 차원의 BSC를 세분화하는 과정을 거치게 된다. 조직 차원의 BSC를 달성하기 위한 사업부 단위의 BSC를, 사업부 단위의 BSC를 달성하기 위한 팀 단위의 BSC를 구성하게 된다. 궁극적으로 개인 단위의 BSC를 제시함으로써 조직 내 모든 구성원의 하나의 단일화된 목적으로 동기화될 수 있도록 한다.

- 조직 차원의 BSC와 사업부 단위 BSC, 팀 단위 BSC, 개인 BSC가 조화를 이룰 수 있도록 지속적인 관리와 노력이 필요하다. 조직 차원의 BSC를 달성하기 위해서는 각 단위 BSC와 조직 BSC 간의 상호유기적인 관계가 필수이기 때문이다.

■ 개인 BSC를 작성하여, 조직 내 모든 구성원의 조직의 전략을 달성하기 위한 적극적인 주체가 될 수 있도록 한다. 구성원들에게 단기목표 및 장기목표를 제시하고 이를 달성하였을 때 조직이 전략을 달성함을 강하게 인식시켜야 한다. 구성원들의 평가를 통해 단순한 채찍만을 사용하는 것이 아니라 적극적으로 보상함으로써, 조직 구성원들의 참여를 유도한다.

■ 마지막으로 기 구축된 BSC 프로세스를 기반으로 조직이 지속적으로 활동할 수 있는 프로세스를 구축한다. 단기성 또는 일회성으로 소모되는 혁신전략이 아닌, 유지가능하며 지속적으로 조직을 전략화 할 수 있는 방안으로써 BSC 프로세스를 조직 내에 안착시키는 것이 마지막 단계이다.

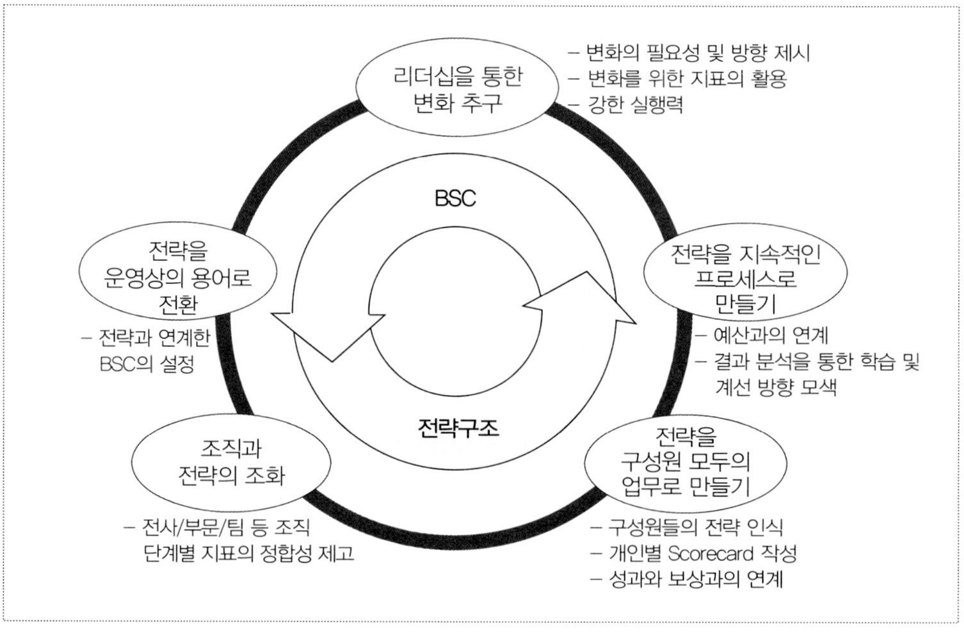

[그림 14] BSC 구축 프로세스

2. 작성방안

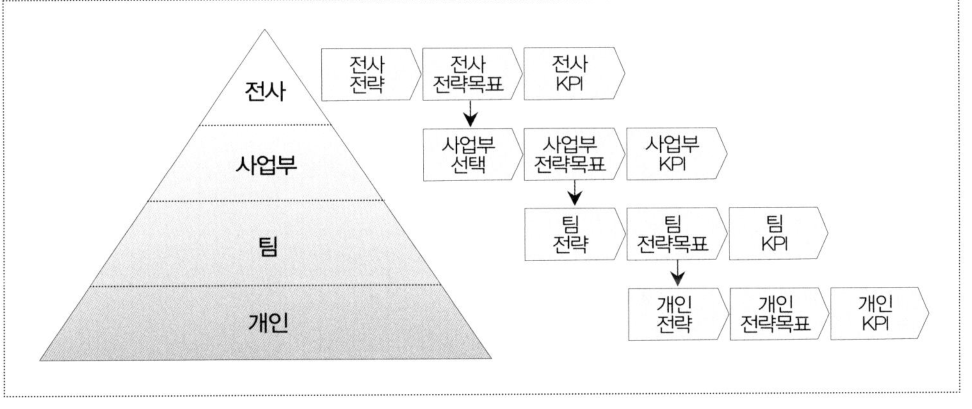

[그림 15] BSC 작성방안

단계별 세분화

- BSC는 전사부터 시작하여 사업부 팀으로 세분화하는 과정을 거친다.
- 첫 단계로 전사전략 수립단계를 거친다. 환경분석과 미래환경의 전망을 통해 조직차원의 중장기 전략을 수립한다.
- 두 번째 단계로 사전에 도출된 전사전략을 토대로 전사 BSC를 도출한다. 전사 전략체계도를 완성하고 전략을 추진하기 위한 핵심성공요소, 그리고 이를 측정

하기 위한 성과지표를 도출한다. 첫 번째와 두 번째 단계는 조직 전사 차원에서 이루어져야 하므로, 경영기획팀이 주관하여 조직 내에 각 사업부 및 최고경영자들이 참가하여 전략을 도출한다.

- 세 번째 단계로 전사전략을 이용하여 각 사업부의 BSC를 도출한다. 사업부 전략체계도를 작성하고, 사업부 전략 달성을 위한 핵심성공요소, 그리고 이를 측정하기 위한 성과지표를 도출한다. 사업부 BSC는 각 사업부 주관으로 이루어지며, 경영기획팀이 도출된 사업부 BSC를 협의하고 조정한다. 이는 각 사업부의 BSC가 조직차원의 목적에서 벗어나지 않고 동일한 목적을 향해 자원을 집중할 수 있도록 조정하는 역할을 경영기획팀이 수행한다.

- 네 번째 단계로 팀 BSC를 도출한다. 사업부 BSC를 팀 별로 분할 및 세분화한다. 팀 성과지표를 재정의 하고, 사업계획을 확정한다. 팀 BSC는 각 팀이 작성하되, 결과는 사업부에서 검토한다. 사업부의 전략과 팀 BSC가 일치할 수 있도록 조정키 위해서이다. 마지막으로 경영회의체를 통해 BSC 성과지표를 주기적으로 모니터링하고 평가하는 활동을 실행한다. 성과지표는 전략과 마찬가지로 고정된 것이 아니라, 환경 변화에 민감하게 반응하여 변화 및 조정한다. 목적치 또한 유기적으로 조정하여 조직의 유연성을 확보하여야 한다. 원활하고 지속적인 관리가 이루어질 수 있도록 하기 위해서 경영기획팀이 주관하되, 최고경영자의 강력한 의지를 피력할 수 있어야 한다.

- 마지막으로 팀 BSC를 토대로 개인 BSC를 작성한다. 팀의 전략적 목표를 달성하기 위한 개인 전략을 도출하고 이의 달성목표를 제시한다. 달성목표의 성과지표를 제시함으로써, 개인 BSC를 작성한다. 개인 BSC는 조직 구성원이 제한된 자원의 효율성 극대화를 꾀하는 데 토대가 된다.

작성요령

- 전략과제를 달성하기 위한 관점 별 전략적 목표를 도출한다. 전략적 목표를 측정하기 위한 성과지표를 추출한다. 전략적 목표를 측정하기 위한 성과지표는 2~3개 정도가 적당하다. 각 성과지표의 목표를 설정하고 목표를 달성하기 위해서 필요한 핵심 이니셔티브를 추출하고, 기한과 담당부서, 그리고 필요한 자원을 기재한다.
- 조직의 비전을 달성하기 위한 전략을, 전략을 달성하기 위한 핵심성공요소를, 그리고 핵심성공요소를 달성하기 위한 목적을 도출한다. 목적을 측정하기 위한 성과지표를, 성과지표의 목적과 달성방안인 이니셔티브를, 그리고 기한과 담당부서, 필요한 자원을 추출한다. 전략의 세분화를 통해서 전사차원에서 사업부차원으로, 사업부차원에서 팀 차원으로 세분화되게 된다.

2.1. 전사 BSC

전사전략 수립은 환경분석/여건전망, 중장기전략, 그리고 전사 사업계획 수립으로 구성되어 있다.

환경분석

- 외부 경영환경 및 내부역량에 대한 분석과 여건전망을 통하여 중장기전략 수립을 위한 시사점을 도출한다.

- 산업분석, 외부환경 및 내부역량 분석을 실시한다. Porter의 다섯 가지 경쟁세력모형을 이용하여 외부환경분석을 가치사슬분석을 통해 내부역량 분석을 실시한다.

환경분석/여건전망 결과를 바탕으로 기존 중장기 전략방향의 타당성을 검토하고 중장기전략의 재정립이 필요한 경우에는 새로운 전략방향을 설정하고 그에 따른 구체적인 전략목표 및 전략과제를 정의한다.

- BSC는 전략으로부터 시작하며, 조직이 추구하고자 하는 전략의 수립이 가장 중요한 단계이다. 전사차원의 전략을 환경 및 내부역량 분석을 통해 사업부전략으로 세분화한다.
- 주요 사업계획 및 추진계획을 수립한다. 수립 후 최고경영자 만의 전략이 되지 않도록 공유와 소통을 적극 수행한다.

전사 BSC 도출

- 전사 BSC 도출은 전사 전략체계도 작성, 전사 핵심성과지표 도출, 그리고 전사 BSC 확립 단계로 구성된다.
- 중장기전략, 그룹 및 사장경영방침 등을 반영하여 차년도 전략방향을 도출하고 이를 달성하기 위한 관점별 전략목표와 관점별 전략목표간 인과관계를 설정함으로써 전사 전략체계도를 작성한다.
- 전략체계도Strategy Map란 BSC의 관점별로 전략목표의 인과관계에 의해 조직의 핵심전략을 기술description하는 프레임워크로서 전략의 커뮤니케이션과 실행을 촉진하는 역할을 수행한다. 전략체계도는 관점별 전략목표로 구성되며, 이는 '전

략의 실행을 위한 단계별 디딤돌'과 같은 역할을 하게 됩니다. 전략목표의 도출 시에는 가로의 원칙과 세로의 원칙 측면에서 완결성에 대한 검토가 이뤄져야 한다.

전략목표의 도출 및 전략체계도 작성이 완료되면 각 전략목표에 대해 달성여부를 가장 효과적으로 측정할 수 있는 핵심성과지표를 선정한다.

- 너무 많은 성과지표는 불필요한 조직 자원을 낭비할 수 있으므로, 목표를 달성하기 위한 핵심성과지표를 선정할 필요가 있다.
- 전사 전략체계도상의 각 전략목표의 전략적 의미와 관련성이 높은 성과동인과 그에 따른 KPI를 검토함으로써 전략목표의 성과를 측정할 수 있는 예비 KPI를 도출한다.
- 선정된 KPI에 대해서는 데이터 집계 및 구체적인 측정이 가능하도록 산식, 측정기준, 설문내용(필요시) 등을 세부적으로 정의한다.

전사 전략방향과 전략목표, 재무/비재무 KPI 목표Target, 그리고 이의 달성을 위한 이니셔티브Initiative 등을 최종 확정하여 차년도 전사 사업계획서를 작성한다. 이는 사업부 및 팀 단위 사업계획으로 세분화Cascading 되면서 보다 구체화되고 명확화 된다.

2.2. 사업부 BSC 도출

사업부 BSC 도출은 사업부 전략체계도 작성, 사업부 핵심성과지표 도출 및 정의, 그리고 사업부 BSC 도출 단계로 이루어진다.

사업부 전략맵 작성

- 전사 전략맵, 사업부 현안이슈 및 사업부 고유의 업무목표에 대한 종합적인 고려를 바탕으로 각 사업부의 전략방향과 이를 달성하기 위해 필요한 전략목표를 도출하여 전략맵을 작성한다.

사업부 KPI 도출은 전사 KPI 도출과 마찬가지로 동일한 절차를 거치게 되며, 전사맵을 달성하기 위한 목표를 세분화함으로써 도출 되어야 한다.

사업부 BSC/사업계획 확정

- 사업부 전략방향과 전략목표, 재무/비재무 KPI Target, 그리고 이의 달성을 위한 Initiative 등을 최종 확정하여 차년도 사업부 사업계획서를 작성한다. 이를 기반으로 향후 산하 팀의 사업계획서를 작성한다.

2.3. 팀 BSC 도출

팀 BSC 도출 단계는 팀별 세분화, 팀 핵심성과지표 도출 및 정의, 그리고 팀 BSC 확정 단계로 구성되어 있다.

팀 KPI 도출 및 정의

- 팀 KPI 도출은 전사 및 사업부 KPI 도출과 동일한 절차를 거치게 되나, 다음과 같은 Cascading Rule에 의해 전사 및 사업부 KPI와 연계 될 수 있도록 설정이

되어야 한다.

팀 BSC/사업계획 확정

- 전사와 사업부 단위의 전략, KPI 등을 세분화하여 팀 단위의 전략, 전략체계도, KPI 목표Target 및 이니셔티브Initiative 등을 최종 확정하여 차년도 팀 사업계획서를 작성한다.

2.4. 모니터링 및 평가

주기적인 모니터링은 주기적 모니터링, 사업계획 수정 및 핵심성과지표 목표치 조정, 그리고 성과평가 단계로 구성되어 있다.

경영회의체를 통한 주기적인 모니터링

- KPI별 목표수준, 실적, 차이 원인분석 및 개선대책 등을 경영회의 전에 작성하여 사전 검토하게 함으로써, 회의석상에선 부진원인 분석과 전략대안 마련에 집중할 수 있도록 한다.

사업계획 수정 및 KPI 목표치 조정

- 경영환경 관련 주요한 이슈가 발생하여 전략을 수정하고 KPI 목표치를 변경해야 할 경우에는 상황별 대응방안에 따라 사업계획 및 KPI 목표치를 변경할 수 있다.

성과평가

- KPI별 실적 데이터의 집계, 설문조사 실시 등을 통한 KPI별 평가점수 및 이의 입증자료를 기준으로 하여 평가주관부서인 경영기획팀에서 성과평가를 수행한다.

Chapter 05

BSC 사례

조직 사례 • 공공부문 사례

1. 공공부문 사례

공공기관 BSC 관점들

■ 성과관리에 대한 관심과 BSC의 유용성에 대한 인식의 확산으로 인하여 해양경찰청이 2004년 12월 정부부처 최초로 BSC를 도입한 이후 행정자치부, 해양수산부, 건설교통부 등 많은 행정기관으로 BSC가 확산되어 왔다.

[표 3] 공공기관 BSC 관점

부문	환류현황
행정자치부	고객, 업무수행, 운영혁신, 학습/성장
보건복지부	국민/정책성과, 전달체계, 운영혁신, 학습/성장
건설교통부	고객, 업무수행, 혁신, 학습/성장
해양수산부	이해관계자, 고객, 내부프로세스, 학습/성장, 자원
특 허 청	이해관계자, 업무수행, 정책수행, 학습/혁신, 재무적 책임
국 세 청	이해관계자, 정책집행, 업무절차, 혁신/운영, 학습/성장
관 세 청	성과, 이해관계자, 업무절차, 혁신/운영

행정자치부 사례

■ 성과관리에 대한 관심과 BSC의 유용성에 대한 인식의 확산으로 인하여 해양경찰청이 2004년 12월 정부부처 최초로 BSC를 도입한 이후 행정자치부, 해양수산부, 건설교통부 등 많은 행정기관으로 BSC가 확산되어 왔다. 행정자치부는

최고관리자의 리더십을 통해 전략집중형 조직으로 변화하였다고 평가된다(정종섭, 2007). 전사적 차원에서 비전과 전략공유로 전직원의 호응과 참여를 확보하였다. 특히, 4S-MOGAHA 슬로건을 제시하였는데, 그 슬로건은 찾아가고Serving, 도와주고Supporting, 지켜주고Safeguarding, 앞장서는Steering 행정자치부가 그것이다. 행정자치부는 조직 전략목표를 성과관리와 연계하기 위한 22개 핵심성과지표KPI를 설정하고, 사업부(134개), 팀(446개)별로 하위목표 설정 및 성과지표를 배분하였다(행정자치부, 2007). 또한, 핵심 전략이행과제Key Strategic Initiative의 추진성과를 점검하는 '4S 프로티어십 과제 관리위원회' 운영을 하고 있다. 또한, 연초에 장관은 고위관리자 참석 회의를 통해 당해 연도 전략달성을 위한 핵심전략 이행과제(4S 프론티어십 과제)를 확정한다. 이러한 모든 전략이행과제는 이행과제 관리 프로세스를 통해 관리되고, 결과는 전간부와 직원에게 피드백 된다. 이러한 BSC 도입 이후 성과로는 전략적 성과관리를 통한 고객중심행정서비스 제공으로 민원서비스 만족도가 크게 증가된 것으로 조사되었는데, 이러한 상승요인은 고객중심의 민원업무처리시스템인 CRM을 운영하고, 민원의 당일처리 원칙과 민원답변 사전/사후 전화 해피콜을 실시하여, 부 차원의 고객중시 전략 및 CS마인드가 제고된 것으로 평가되었다.

국세청 사례

- 국세청은 BSC를 기반으로 각종 대 · 내외 평가를 시스템적으로 통합하였으며, BSC의 4가지 관점을 집행기관의 특성에 맞게 이해관계자, 정책집행, 업무절차, 혁신/운영, 학습/성장의 5가지 관점에서 전략적 방향 및 과제를 도출하였다(국무조정실, 2006). 이러한 전 청(차원핵심성공요소: 23개, KPI: 31개)의 BSC체계를 기반으로 본청 국 및 과 단위의 하위 부서뿐만 아니라, 지방청(지방청 표준모델설계, 핵심성공요소: 27개, KPI: 94개)과 세무서(세무서표준모델설계, 핵심성공요소: 31개, KPI: 155개)까지 성과목표(핵심성공요소) 및 성과지표KPI를 전개하였다. 그림은 국세청 전략맵(전청단위)을 도식화한 것이다. 국세청은 이러

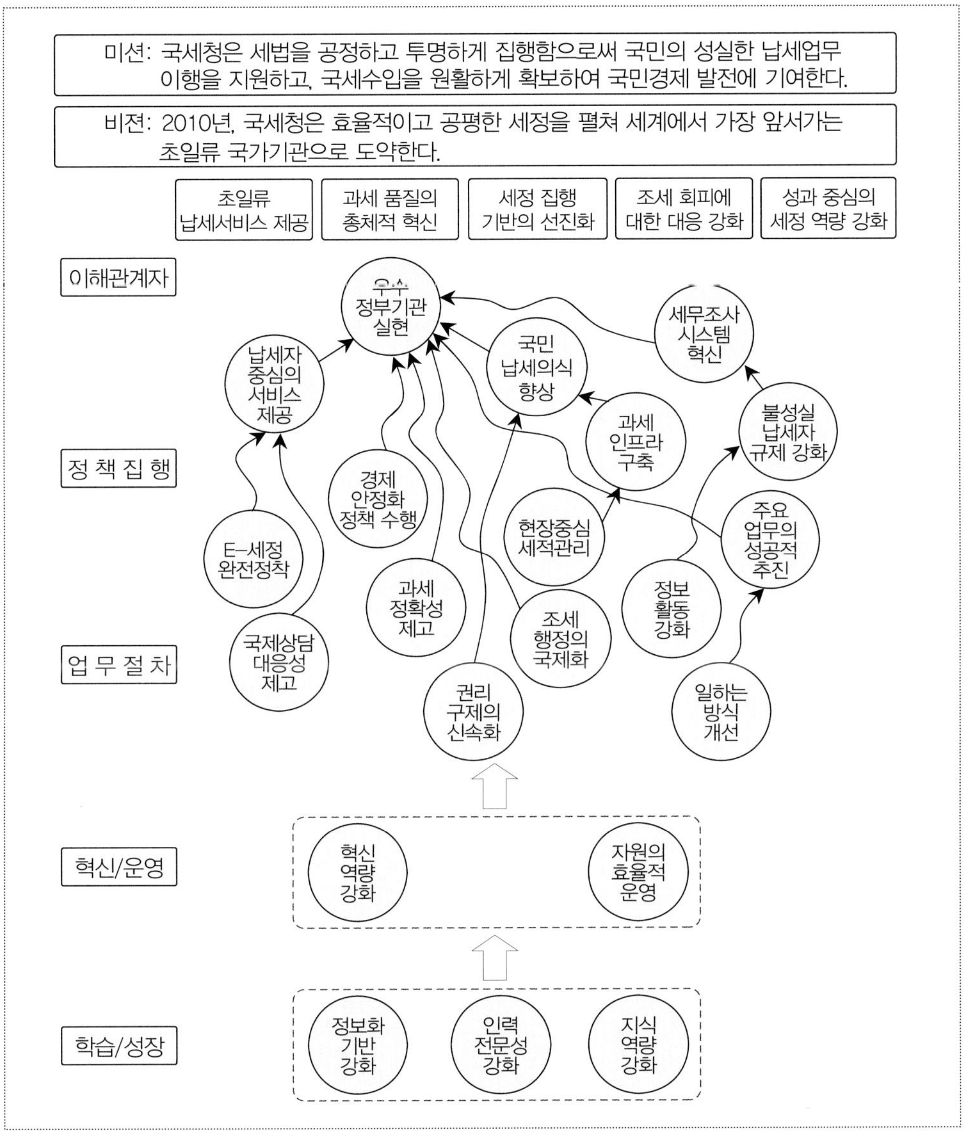

[그림 16] 국세청 인과관계

한 BSC의 전개를 통해 현금영수증 발급금액이 2005년 18.6조원이던 것이 2006년 30.6조원으로 증가하여 현금영수증제도가 조기 정착되는 계기가 되었을 뿐만 아니라, 종합부동산세 자진 신고율 역시 2005년 95.9%에서 2006년 98.2%로 증가하는 등 부동산보유 관련 세 부담 형평성이 제고됨으로써 참여정부의 국정과제를 성공적으로 수행하는 등 실질적인 성과를 거둔 것으로 평가된다.

지방자치단체의 BSC 도입 현황

■ 지방자치단체로는 부천시에서 우선적으로 도입하였다. 교육부와 행정자치부 공동주관으로 지방자치단체와 지방교육청 등으로 성과관리제도의 확산을 추진하고 있으며, 현재 광역 6개, 기초 6개 등 12개의 지방자치단체가 BSC 시범구축 자치단체로 선정되었다. 현재는 거의 모든 지방자치단체가 BSC를 구축하여 사용하고 있다 .

부천시 BSC 도입사례

■ BSC가 구축되기 전까지 부천시는 99년부터 2003년 상반기 까지 MBO(Management By Objective)에 의한 성과평가를 하고 있었고 행정자치부의 지침과는 달리 자체개발을 통하여 타 자치단체 및 중앙부처의 벤치마킹대상이 될 정도로 우수한 사례로 정평이 나 있었다. 그러나 해를 거듭하면서 MBO는 공무원들이 기존에 하던 업무를 인정하지 않은 상태 에서 매번 새로운 목표를 세울 것을 요구하였고, 공무원들의 업무특성과 관련한 현실을 고려하거나 인정하지 않은 상태에 서 누적적으로 쌓인 불만은 결국 새로운 저항요인으로 다가와 결국 직장협의회에 의해 MBO평가가 저지되는 상황에 이르렀다. 결국 2003년 하반기부터 2004년에 일시적인 중단이 있었으며 이는 다시 재조정되어 2005년에 5급 이상으로 축소 시행되기에 이르렀다. 그 후 부천시에서는 2004년 1월 워크숍을 통하여 MBO의 단점을 보완한 보다 종합적이고 합리적인 성과관리 도구를 찾기 시작했고 2003

년 8월에 국내외 성과관리기법 벤치마킹을 실시하여 국외로는 미국, 일본, 캐나다 등 3개국을, 국내는 서울시외 2개시를 조사하였다. 그 결과 자체 워크숍을 통하여 BSC를 도입하기로 결정하였다.

■ 부천시 장기발전계획수립 및 정책평가에 관한 조례제정

- 부천시는 우선 시의 장기발전계획으로 나와 있는 Bucheon 2010을 성과관리 및 평가와 연계시키기 위하여 2004년 2월에 이에 관한 조례를 제정하였다. 이렇게 함으로써 시의 장기발전계획이 성과관리시스템에 반영되는 전략집중형 조직(SFO: Strategy-focused Organization)으로 태어나기 위한 준비를 하였던 것이다.

■ 성과관리 마인드 형성을 위한 전직원 교육: 2004년 4월

- 조례가 제정되고 관련분야 전문가가 선정된 후 전직원을 대상으로 BSC에 대한 강의가 아닌 성과관리 마인드 형성을 위한 교육을 실시하였다. 즉 BSC 방법론과 개념을 소개한 것이 아니라 성과관리의 개념, 방향, 기대효과 등 공무원들이 잘못 이해하고 있는 평가와 관련된 개념들을 바로잡고 진정한 성과관리는 평가가 주목적이 아니라 조직이 전략적으로 살아남기 위해 필수적으로 필요한 정보를 얻기 위함임을 강조하였다. 이 교육은 총 3회에 걸쳐 5급 이하 전직원 1,525명을 대상으로 실시되었다.

■ 조직변화 가능성을 위한 사전 설문조사: 2004년 4월

- 동시에 부천시에 새로운 성과관리시스템을 도입하기위해 미리 고려해야 할 사항들을 파악하기 위하여 설문조사를 실시하였고 설문문항에는 신뢰, 몰입도, 평가에 대한 인식, 변화가능성에 대한 태도, 혁신적 행태, 가외적 노력행태 등이 측정되었고 이 항목들이 직급별·남녀별·직렬별·학력별로 다시 분석되었다. 분석결과 중요한 쟁점만을 보면 첫째, 성별분석에서 남자공무원 보다 여자 공무원들의 몰입도 및 신뢰도가 전반적으로 높게 나타나 변화 및 혁신에 더 수월하게 적응할 수 있다는 사실이 밝혀졌고, 이는 추후 부천시가 변

화관리를 위한 전략을 수립하고 집행해 나갈 때 여자공무원들의 협조와 이해를 구하고 각종 집행위원회 TF팀 구성 등에 여성공무원의 비율을 적절히 고려하여 배정하는 것이 중요하다는 점이 지적되었다. 둘째, 연령별 분석에서는 일반적인 상식과는 달리 연령층이 높을수록 변화 지향적이고 조직에 대한 몰입도와 신뢰도가 높은 것으로 나타났다. 특히 20-30대 공무원들이 변화 지향적 태도나 혁신적 행태 등에서 미온적인 태도를 보인반면 40-50대와 50-60대 공무원들은 가장 적극적으로 변화를 지향하고 성과제도의 필요성에 동의하고 있었다. 따라서 젊은 연령층 공무원들에 대한 특별한 교육과 이해가 중요한 과제로 대두되었다. 더 나아가 부천시 조직의 성공적 변화관리를 위하여 조직 내에서 Opinion Leader계층인 50-60대 공무원들을 변화관리의 중심에 세우고 나머지 구성원들의 협조를 구해야 할 필요가 있을 것으로 분석되었다. 마지막으로 직급별 분석과 관련하여, 5급을 비롯한 다른 직급의 공무원들은 상대적으로 긍정적인 태도를 보인반면 부천시의 가장 많은 수를 차지하는 7급 공무원들의 혁신 및 변화에 대한 태도가 상대적으로 미온적인 것으로 나타났다. 특히 7급의 경우 평가제도 도입의 필요성에 대한 설문에서 상당히 부정적인 태도를 보인 것으로 나타났다. 이러한 종합적 분석의 결과들은 추후 구성원 참여와 설득을 위한 절차와 BSC팀 구축과 운영에 관한 전략수립에 상당부분 고려되었다.

■ 성과관리 및 BSC 개념 교육: 2004년 6월

- 위에서 분석된 설문결과에서 조직의 성공적 변화관리를 위하여 조직내에서 Opinion Leader계층인 50-60대 공무원들을 변화관리의 중심에 세우고 나머지 구성원들의 협조를 구해야 할 필요가 있을 것으로 나타났으며 연령대는 결국 직급과 직결되었기 때문에 5급 이상의 고위직 공무원의 역할이 향후 중요한 성공의 열쇠로 등장할 것으로 보고 과장급, 국장급을 대상으로 한 본격적인 교육이 실시되었다.

■ BSC 도입 사전설명회(시의회, 직장협의회): 2004. 6월

- 그와 동시에 BSC는 결국 부천시의 장기 전략목표와 연계되고 관리될 수밖에 없음으로 장기적인 관점에서 업무를 보고하고 성과를 관리하기 위해서는 시의회의 지원과 협조가 그리고 노조의 지원이 필수적이었다. 이러한 배경 하에서 시의회 기획재정의원들을 대상으로 사전설명회를 실시하였고 직장협의회 간부 및 대의원들을 대상으로 다시 설명회를 실시하였다.

■ BSC 팀 구성

- BSC 본격도입을 위해 소수정예의 팀이 필요했고 정책평가연구회라 불리는 총 31명의 BSC팀이 구성되었다. 팀 구성은 정책분석 평가사 자격취득자와 부천시의 핵심영역 분야별 전문성을 지닌 공무원들이 직렬별, 부서별 안배를 통하여 선발되었다.

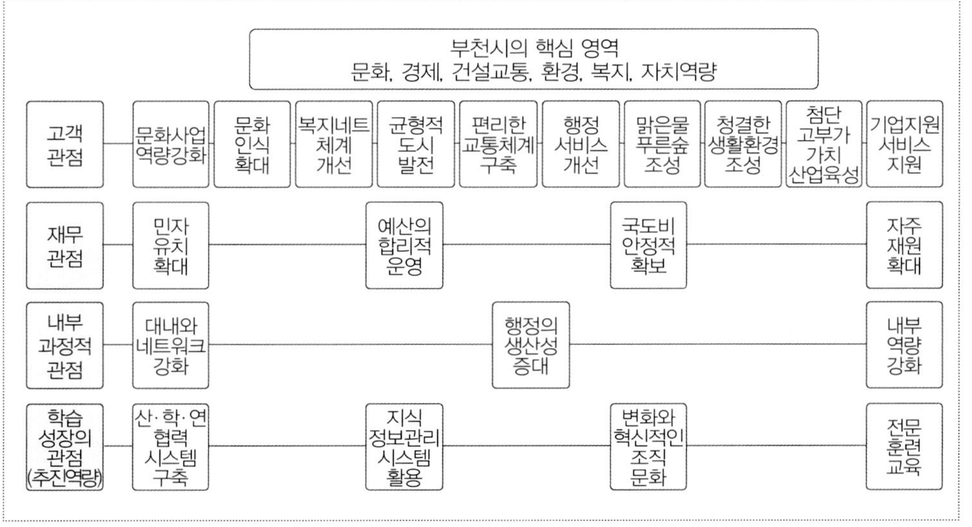

[그림 17] 부천시 BSC

■ 총괄 BSC Scorecard 개발 1차 워크숍: 2005년 1월(3일)

- 이렇게 구성된 BSC 팀과 함께 워크숍이 시작되었으며 여기서 부천시의 장기 발전계획안인 "비전 부천 2015"에 대한 설명과 함께 비전과 핵심영역에 대한 정의가 있었고 4가지(고객, 재무,내부프로세스, 학습성장) 관점에서 Scorecard작성, 정리 및 인과지도(전략지도)작성이 이루어졌다. 이로서 부천시 전체의 총괄 BSC가 도출되었으며 이는 시 전체의 구성원들에게 회람되어 수정과 환류의 기회를 가졌다.

■ 시범운영 부서 선정: 2005년 3월

- DBSC 분석에 따라 시범운영을 위한 부서선정에 들어갔다. 선정방식은 총 36개 부서를 대상으로 4가지관점(고객, 재정, 내부프로세스, 학습)의 여유값Slack을 합산한 총계 분석결과를 토대로 여유값이 가장 높은 부서를 1위로 시작하여 36위까지 순위를 정하였고 이를 다시 6대 핵심 영역별(문화, 지역경제, 환경, 건설교통, 사회복지, 자치역량)로 분류하여 상위 그룹에서 6개부서, 중위 그룹에서 2개부서, 하위그룹에서 3개 부서를 선정, 총 11개의 시범부서를 선정하였다.

[표 4] 부천시 BSC 부서선정

관점별 역량 / 핵심영역별	높은 부서	중간 부서	낮은 부서
세계지향의 문화도시	문화예술과		
지식기반 산업중심의 경제도시	지식산업과		기업지원과
지역의 균형발전과 교통이 편리한 도시	교통행정과		도로과
깨끗하고 쾌적한 환경도시	청소사업소		수도과
더불어 사는 복지사회	원미구 보건소	사회복지과	
자치역량 제고	기획예산과	시민봉사과	

■ 시범부서별 BSC 목표카드 도출 및 성과지표 개발 2차워크숍

- 시범운영부서는 자체 워크숍을 통하여 성과지표개발에 들어갔고 한 달 정도의 시간을 준 뒤 4월말에 부서별 성과지표 개발을 위한 2차 워크숍이 개최되

었다. 이 워크숍에서는 1차 워크숍에서와는 달리 성과관리 자문교수 외에 BSC팀이 전문가가 되어 총 32명이 시범부서 80명을 대상으로 워크숍을 진행하였다. BSC 팀은 각 핵심영역별 전문성을 가지고 있고 총괄 BSC를 개발한 팀이기 때문에 해당분야의 지표와 표적이 얼마나 실효성이 있는지에 관해 누구보다 잘 알고 있는 전문가였고 동시에 외부전문가가 아닌 내부 동료들의 의견을 받아들인다는 점에서 시범운영 부서 구성원들에게 보다 더 현실적으로 받아들여졌다. 여기서 지적된 사항들에 대해 일정한 양식에 의해 다시 수정본이 요구되어졌으며 수차례의 수정에 걸쳐 시범운영을 위한 최종지표 개발이 완성되었다.

Chapter 06

AHP

AHP 배경 • AHP 특징 • 대안선정 방법 • AHP의 가중치 계산

1. AHP 배경

AHP의 의의

- 인간이 판단을 하고자 할 때 큰 문제를 하나의 현상으로 보고 직관적으로 판단하는 경우가 있다. 이러한 문제를 비구조화문제라 한다. 비구조화 문제의 경우, 논리적 판단이 어려운 경우의 문제를 주로 대상으로 정의된다. 예를 들어 주식이 오를 것인가 내릴 것인가에 대한 문제의 경우 명확한 해답이 존재하지 않으며 개인의 직관적 요소에 의존하여 또는 경험에 의존하여 판단하게 된다. 그러나 모든 문제를 개인의 직관에 의존하지 않는다. 사람이 판단할 때 다양한 기준에 의해 최대한 정량적으로 판단하여 타인을 설득하고자 한다. 기준에 의한 평가를 통해 결론을 도출할 수 있는 문제를 우리는 구조화 문제라 한다. 구조화 문제의 경우 명확한 해답이 주어질 수 있는 경우에 해당하는 문제이다. 수학적 문제와 같이 모든 사람이 유사한 또는 동일한 답을 도출할 수 있는 경우의 문제를 구조화 문제라 한다. 구조화 문제의 경우 정량적 접근방법에 의해서 손쉽게 해결될 수 있다. 수학문제의 답을 도출하듯이 정량적 의사결정 또는 정량적 평가를 통해 각 대안들의 명확한 수치를 도출할 수 있는 것이다.

- 그러나 경영환경에서는 구조화 문제를 극히 드물다. 최고 경영자의 의사결정의 경우, 논리적 데이터와 정량적 수치에 의해 판단되는 경우보다는 직관과 경험에 의존하는 경우가 많다. 즉 비구조화 또는 반구조화 문제를 경영환경에서는 대상

으로 하고 있는 것이다. 비구조화 문제와 반 구조화 문제를 사람의 경험과 직관적 판단에만 의존할 경우 의사결정의 정당성 확보와 논리적 근거가 매우 부족하게 된다. AHP는 이러한 반구조화 문제와 비구조화 문제를 논리적 평가방법론에 따라서 풀 수 있도록 도와준다. 즉 비구조화 문제를 풀기 위한 방법론을 제공하여 의사결정자의 의사결정을 논리적으로 지원하는 평가시스템이 AHP이다.

- 정량화가 가능한 문제의 경우, 굳이 AHP를 적용할 필요가 없다. 조직의 성과가 모두다 정량지표에 의해 평가되었을 경우, 이를 AHP를 이용하여 성과결과를 도출할 필요가 없다는 것이다. 매출액, 이윤과 같은 재무적 지표 즉 정량지표에 의해 산출된 조직 성과지표는 작년 또는 전 분기와의 비교를 통해 성장과 퇴보를 명확히 비교할 수 있다. 따라서 정량적 지표로 구성된 성과평가의 경우 AHP 이외의 성과관리시스템을 적용하는 것이 바람직하다. AHP는 정성지표의 평가를 위해 주로 사용된다. 정성지표에 의한 대안비교, 정성지표 기반의 성과관리를 위해서 주로 사용되는 것이다 또한 AHP는 BSC에 의해 도출된 성과지표 간 상대적 중요도 도출을 위해 사용된다. BSC에 의해 도출된 모든 성과지표가 중요하지만 조직의 모든 성과지표의 향상에 동일한 자원을 투자할 수는 없다. 조직의 자원 또한 제약되어 있으며, 나아가 동일 자원의 투자는 조직의 목적인 이윤 달성에 효율적이지 못하다. 따라서 가장 중요한 지표와 중요하지 않은 지표를 도출할 필요가 있으며, 중요도가 높은 지표에 선택과 집중을 할 필요가 있는 것이다. 상대적 중요도를 도출하기 위한 접근법이 바로 AHP이다.

AHP의 정의

- AHP를 정확하기 위해서는 첫 번째로 AHP라는 단어의 뜻부터 이해할 필요가 있다. AHP는 세 단어로 구성되어 있다. Analytical, Hierarchy, Process 라는 세 단어이다. Analytical은 우리말로 분석적인, Hierarchy는 계급, 체계, 계층

의 뜻으로 Process는 일이 처리되는 경로나 공정(네이버 사전 참조)을 뜻한다.

■ '분석적인'이라는 것은 기존의 성과관리시스템, 즉 대안을 평가하여 선정하는 기존의 시스템과 비교하였을 때 더 분석적이다 라는 것이다. 이는 AHP가 쌍대비교를 토대로 하고 있기 때문이다. 쌍대비교라는 것은 모든 대안을 동시에 비교하는 것이 아니라 두 개의 하나의 쌍으로 뽑아 비교하는 것이다. 예를 들어 아빠, 엄마, 형, 누나가 있을 때 누가 제일 좋고 나쁘냐 라고 묻는 것이 아니라 아빠, 엄마 중에 누가 더 좋아? 아빠와 형 중에 누가 더 좋아? 아빠와 누나 중에 누가 더 좋아? 엄마와 형 중에 누가 더 좋아? 엄마와 누나 중에 누가 더 좋아? 형과 누나 중에 누가 더 좋아? 라고 물어보는 것이다. 왜 이렇게 번거로운 과정을 만들어서 거치는 것인가? 라는 질문에 대답하기 위해서는 조금 더 AHP의 과정을 들여다 볼 필요가 있다. 다시 원래 질문으로 돌아가서 아빠, 엄마, 형, 누나 중에 누가 좋은 더 좋아? 라는 질문에 1등은 아빠, 2등은 엄마, 3등은 형, 4등은 누나라고 대답할 수 있다. 그렇다면 얼마나 좋은 지를 상대적 점수로 나타내라고 질문하면 어떻게 할 수 있을까? 아빠는 40점, 엄마는 35점, 형은 15점, 누나는 10점 이렇게 대답할 수도 있다. 그렇지만 이 점수가 의미를 가질 수 있을까? 이 점수를 신뢰할 수 있을까? 라는 질문에는 그렇다고 대답할 수 없다. 즉 신뢰성을 확보할 수 없다는 것이다. 누가 더 좋아? 라는 질문에 신뢰성을 확보하기 위해서는 좋다라는 것을 평가 하기 위한 기준, 즉 성과지표가 도출되어야 하며 도출된 성과지표를 토대로 비교함으로써 결과의 신뢰성을 높일 수 있는 것이다. 성과지표 도출은 앞 장에 설명된 BSC를 기반으로 도출할 수 있으며, 도출된 성과지표를 토대로 쌍대비교를 통해서 결과의 신뢰성을 높일 수 있는 것이다. 질문에 직관적으로 대답하는 것이 틀렸다는 것이 아니라 비구조화된 문제에 대한 답을 직관에만 의존할 경우 신뢰성을 확보할 수 없으며, 이러한 문제에 대한 분석적 접근방법을 통해 신뢰성 확보가 가능하다는 것이다. 또한 여러 가지 대안을 동시에 비교할 경우 정확한 판단과 의사결정이 어렵기 때문에 쌍대비교를

통해 대안을 평가하도록 하는 것이 AHP인 것이다. 따라서 기존의 성과관리시스템과 비교하였을 때 더 분석적이다고 말할 수 있을 것이다.

- 두 번째 단어는 계층이라는 단어이다. 의사결정 또는 대안을 평가할 때, 어떠한 현상을 동질성을 가진 부분으로 나눔으로써 문제를 구조화시켜 보다 논리적으로 문제해결에 접할 수 있다. 아빠, 엄마, 형, 누나가 있을 때 누가 제일 좋고 나쁘냐? 라는 질문에 대답하기 위해서 좋고 나쁨이라는 기준을 세분화, 구조화시켜 평가를 진행하는 것을 계층이라는 단어로 표현하고 있는 것이다. 좋고 나쁨에 영향을 주는 요소를 도출하여, 문제를 구조화시킬 수 있다. 예를 들어 용돈을 자주 주는가? 신뢰도가 높은가? 친밀도가 높은가를 좋고 나쁨에 기준으로 삼을 수 있다. 그렇다면 좋고 나쁨의 문제가 세 가지 기준으로 세분화, 계층화되게 된다. 또한 친밀도가 높은가? 에 대한 기준을 나와 같이 얼마나 놀아주는가? 나의 감정을 얼마나 이해해주는가? 나와 같이 잘 이야기를 해주는가? 로 세분화, 계층화할 수 있다. 이렇게 계층화를 통해 좋고 나쁨이라는 주관적 기준을 객관적인 기준으로, 또한 정성적 기준을 정량적 기준으로 변형시켜 감으로써, 의사결정의 논리성을 확보할 수 있다는 것이다. 좋고 나쁨을 계층화한 구조는 다음의 그림과 같다.

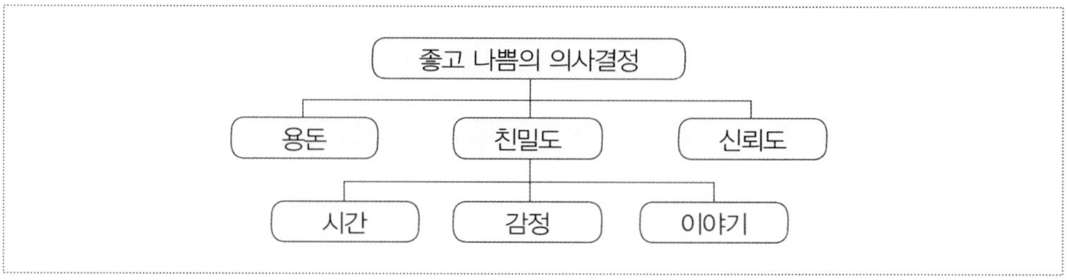

[그림 18] 계층화 구조

■ 세 번째 단어는 프로세스이다. 프로세스는 "입력을 출력으로 변환시키는 상호 관련되거나 상호 작용하는 활동의 집합"으로 정의된다. 프로세스는 하나의 활동 또는 독립적으로 운영되는 업무를 일컫는 것이 아니라 입력을 받아 출력으로 변환시키는 것에 영향을 주는 모든 공정과 업무, 활동 등의 집합이다. AHP 또한 하나의 활동을 말하는 것이 아니라 성과관리시스템으로써 성과관리를 위한 활동 들의 집합체를 말한다. 각 성과를 평가하기 위한 성과지표를 도출하고 성과지표 간 쌍대비교를 통해 성과지표의 상대적 중요도를 도출한다. 또한 성과지표를 기준으로 각 대안 또는 팀들의 성과를 쌍대비교 함으로써 정규화된 값을 도출한다. 상대적 중요도와 정규화된 결과값의 곱으로 최종 산출물인 대안의 값 또는 팀들의 성과를 도출하게 된다. AHP를 통해 도출된 값은 0에서 1 사이 값으로 정규화되어 도출되게 된다. 1의 값은 이상적으로 성과가 달성된 상태이며, 0의 값은 성과가 하나도 달성되지 못한 상태를 일컫는다.

AHP 소개

■ AHP는 다수의 속성들을 계층적으로 분류하여 각 속성의 중요도를 파악함으로써 최적 대안을 선정하는 기법으로 Tomas L. Saaty에 의해서 개발되었다. (1980). 다기준 의사결정multi-criteria decision making에 널리 쓰이는 방법이며, 의사결정에 있어서 정량적quantitative인 기준 뿐 아니라 정성적qualitative, 기준들도 평가에 주로 쓰인다.

■ 넓은 범위의 응용이 가능하다. 예로써, 구매할 자동차 결정, 휴가 장소 결정, 졸업 후 직장 결정 등이 있다. 구체적인 적용사례를 들면, 미국의 이란 인질 구출 작전, 영국의 포클랜드 침공 작전 등에 사용되어 정책결정근거를 제공하는 우수한 기법으로 사용되었다. 이 기법은 지난 10여 년간 많은 실제문제해결에 적용되었으며, High-Touch 신제품 연구, IBM 경영전략수립, 대조직의 보유기술평가, 국가과학기술자문회의의 정책평가 과정에서 성공적으로 응용되었다.

■ AHP는 다수의 대안들 중에서 가장 좋은 대안을 찾기 위한 방법이다.

- 대안을 평가할 때 다양한 목표 또는 평가 기준을 적용하여 우선순위를 정하는 곳(예, 차량선택-디자인, 평판, 가격, 색깔 등)에 사용하며, 정성적인 평가 기준을 정량화 하여 순위를 매기는 도구이다.
- 대안간의 비교와 이에 따른 의사결정의 응용과 같은 방법론적 특징을 지닌 AHP는 다양한 분야 특히 R&D 프로젝트의 결과를 비교·평가하는 분야에 응용될 수 있는 확장성을 갖고 있다. 이는 AHP가 의사결정 및 판단에 필요한 속성의 식별과 이에 대한 대안간의 비교라는 개념적인 특징을 지니고 있기 때문이다. R&D 프로젝트에 대한 비교와 평가항목을 설정하는데 있어서 만일 수리적인 기법만을 활용한다면, 결과가 정량화 될 수 있는 문제에는 비교적 잘 적용될 수 있을 것이나, 예를 들어 우주항공 개발사업과 같이 개별 과제의 평가요소와 결과가 매우 다차원적인 성격을 갖는 경우라면 그러한 기법을 적용하기는 매우 어려울 것이다. 이러한 경우 다양하며 서로 상충될 가능성이 있는 평가기준과 평가항목들에 대한 중요도를 결정하기 위해서는 관련 분야의 전문가들이 내린 주관적인 판단을 종합하여 하나의 대안을 구성할 수 있도록 하는 방법론의 적용이 요구된다. Saaty가 제안한 AHP는 이렇게 정량적인 분석이 곤란한 의사결정 분야에 전문가들의 정성적인 지식을 이용하여 경쟁되는 요소의 가중치 또는 중요도를 구하는 데 유용하게 응용될 수 있다.

AHP 목표

■ AHP는 세 가지 목표로 구성되어 있다. 세 가지 목표는 다음과 같다.

- 최상위 목표Top of the hierarchy: 궁극의 목적good
- 두 번째 목표Second level: 각 평가 기준이 최상위 목표를 달성하는데 얼마나 기여하는가?

• 세 번째 목표Third level: 각 대안들이 평가 기준에 얼마나 잘 부합하는가?

AHP 절차

■ 결정기준의 계층구조hierarchy of decision criteria를 만들고 대안 을 정의한다. AHP 알고리즘은 다음의 두 단계로 이루어진다.

- 1. 기준의 상대적 중요도를 결정하기
- 2. 대안들 간의 순위rank 결정하기

■ AHP는 정성적이거나 정량적인 평가기준을 처리할 수 있으며, 평가기준의 중요도가 되는 쌍비교 행렬의 고유벡터eigenvector와 판단의 일관성을 측정하는 일관성 비율consistency ratio이 주요 특징이다.

■ 대안들이나 평가기준의 상대적인 중요도를 9점 척도로 평가하여 최종적인 중요도를 도출하게 된다.

AHP 응용 절차

■ AHP에서는 요소간 상호 연관관계가 복잡한 문제를 계층적 구조로 표현하고, 각 요소간의 연관관계에 대하여 정성적이고 주관적인 비교Pairwise Comparison를 행한다. 이 비교에 대한 체계적인 분석을 함으로써, 요소의 상대적 비중, 문제해결의 우선순위, 대안의 선정 등의 결정지침을 제공한다.

■ AHP를 수행하기 위하여 문제분석경험과 창의성, 문제요소 간 연관관계, 경험적 판단 등의 능력이 요구된다. 그러나 지식과 경험의 한계가 있다 하더라도 계속적인 문제구조의 규명과 결과의 보완과정을 거쳐 주어진 여건 하에서 최상의 대안을 제시함으로써 전체적이 문제해결에 도달할 수 있다.

AHP 사용범위

- 자료가 완비되지 않은 여건 하에서의 계획수립에 사용할 수 있다.
- 시간적으로 촉박한 상황 하에서의 최고경영자의 의사결정을 논리적으로 지원할 수 있다.
- 의견이 대립된 상황 하에서 결정자들의 의견을 수렴하여 반영할 수 있다.
- 등의 복잡한 문제에 부딪혔을 때, 문제의 속성을 체계적, 계층적으로 규명하여 문제를 정형화하고 단 시간 내에 최상의 정책을 수립하기 위한 기법이다.

2. AHP 특징

AHP 장점

- 의사결정의 목표, 또는 평가기준이 다수이며 복합적인 경우 상호 배반적인 대안들의 체계적인 평가를 지원하는 의사결정지원기법의 하나 정성적 요소를 포함하는 다기준 의사결정에 널리 사용된다. 비교과정에서 두 요소의 선호도만을 필요로 하여 정량 · 정성 · 직관적 정보도 고려대상에 포함할 수 있다. 정량적 요소라는 것은 일정하게 정해진 요소, 계량적으로 파악할 수 있는 요소를 말하며, 정성적 요소란 추상적, 상징적인 요소를 말한다. 예를 들어 '비용/수익, 거리, 무게' 등과 같은 계량화가 가능한 것이 정량적 요소이며 '교통 혼잡을 줄일 수 있는 방안', '의약분업의 올바른 홍보방안' 등과 같은 것이 정성적 요소라 한다. 때로는 일정규모의 금전적, 경제적 이득보다는 교통 혼잡을 줄일 수 있는 방안이나 직원 사기앙양 방안, 의약분업의 올바른 홍보방안과 같이 정성적 요소가 더 중요한 의사결정 요인인 경우가 많이 있다. 그러나 이런 정성적 요소를 합리적으로 반영하고 정량적 요소와의 중요도의 비교는 AHP를 통해서 설득력 있게 도출할 수 있게 되었다.

- 하나의 기준으로 두개의 요소만을 상호비교 하므로 비교의 단순화가 가능하며, 비교 대상이 되는 요소들을 통일된 비율척도를 이용하여 평가할 수 있다는 것이다. 조직의 평가를 위해서는 다양한 성과지표가 필요로 되며, 다양한 성과지표

들은 각 성과지표의 특성 때문에 상이한 측정단위를 가지게 된다. 예를 들어, 재무지표는 돈과 관련된 측정단위를 프로세스 관련 지표는 퍼센트나 시간 단위를 측정단위로 가지게 된다. 성과지표의 측정단위의 상이함으로 인해 대안 측정의 한계가 야기되는 데, 이를 주관적 판단에 의한 쌍대비교를 통해 단순화 시키는 것이 AHP이다. 즉 상이한 척도를 가진 요소들의 비교, 통합을 AHP가 가능케 해준다. 아무리 계량화가 가능한 정량적 요소라고 하더라도 척도가 다른 요소들의 합리적 비교, 통합은 또 다른 문제점으로 지적되고 있다. 예를 들어 무게를 나타내는 요소(kg이라는 척도로 표시), 거리를 나타내는 요소(m라는 척도로 표시), 그리고 시간으로 표시되는 요소(분이나 초 등으로 표시)가 있을 경우 어떻게 이들을 합리적으로 비교할 수 있을까 우리는 보통 주관적인 감각이나 직관에 의존하게 된다. 그러나 AHP를 활용함으로써 다른 척도를 가지고 있는 요소간의 비교와 통합을 보다 수월하면서도 합리적, 체계적으로 할 수 있게 된다. 즉정량적 정보의 경우 기준들의 측정단위를 상대척도(주관적 선호도)를 이용하므로, 각 요소를 절대척도화 하는 데 어려움 줄여준다.

- AHP의 또 다른 특징은 의사결정자의 논리적 일관성의 유지 여부를 확인할 수 있도록 지원한다는 점이다. AHP에서 이용하고 있는 고유치계산 방법을 수행하는 과정에서 필연적으로 비일관성지수가 산출되며 이를 통하여 의사결정자의 논리적 일관성 유지 여부와 개선을 위한 기준을 제시한다. 일반적으로 비일관성지수를 Random Index로 나눈 비일관성비율이 0.1을 넘게 되면 의사결정자가 논리적 일관성을 잃고 있는 것으로 판단하여 의사결정과정을 점검하도록 하는 신호를 보내는 기준으로 삼고 있다.

- 마지막으로 AHP 개발의 동기가 되었던 점이 바로 의사결정자의 의견을 합리적, 논리적으로 통합하여 집단의 의사결정을 도출하는 것이다. 통상적인 경우 의사결정참여자의 다수 의견을 취하거나 평균을 내어 집단의 의사결정으로 삼는 것이 대부분일 것이다. 그러나 이런 방법을 취할 경우에는 소수의 의견이 완

전히 무시되거나 의사결정참여자의 정확한 요소별 또는 대안별 선호도 차이의 반영이 불가능하게 된다. AHP는 의사결정자참여자 모두의 의견을 반영시킬 뿐만 아니라 각자의 요소별 또는 대안별 선호도의 차이를 100% 반영할 수 있게 되어 보다 합리적인 집단의사결정의 결과가 도출되도록 지원한다. 또한 AHP에서 사용되는 평가척도는 비율척도이기 때문에 우선순위 결정에 대한 문제뿐만 아니라 자원 배분에 관한 문제에도 적용될 수 있어 실제 많이 활용되는 방법이다.

AHP 단점

- AHP를 기반으로 평가를 위해서는 관점과 성과지표 간 계층화과정이 포함되어야 한다. 그러나 계층을 구성하는 것에 대한 이론적 틀의 부재하다. 쌍대비교의 한계로 인해서 산출되어지는 설문문항의 개수가 $_nC_2$가 산출되게 된다. 예를 들어 8개의 성과지표를 비교해야 할 경우, 36개의 설문문항에 응답을 해야 한다. 실제로 BSC를 통해서 산출되어 지는 성과지표는 30~40개에 이르며, 이들의 가중치를 산출하기 위해서 필요한 설문문항 개수는 30개의 성과지표일 경우 465개의 설문문항이 산출되게 된다. 이렇게 많은 설문조사를 실시한 경우 피조사자의 일관성 지수는 낮아질 수밖에 없으며, 설문조사 결과가 무의미해질 가능성이 높다. 따라서 설문문항 수의 감소와 피조사자의 설문조사에 대한 신뢰성 확보를 위해서 계층 구조를 형성하게 된다. 그러나 계층구조를 위한 이론적 토대와 쌍대비교에 대한 유용성을 뒷받침해줄 이론적 토대가 존재하지 않는다.

- 뿐만 아니라 가중치 산출을 하는 다양한 기법이 존재한다. 쌍대비교를 통한 가중치 산출이 절대적이지 못하다는 것이다. Macbeth와 만족도함수를 이용한 가중치 산출 기법이 존재하고 있다. 이러한 가중치 산출기법에 비해 쌍대비교가 단순하고 적용하기 용이하다는 장점 이외에 다른 장점이 존재하지 않는다.

- 여러 명의 의사결정자들의 의사결정을 반영하지 못한다. 뿐만 아니라 의사결정

자들간 차이를 제거하지 못한다. 한 명의 의사결정만을 토대로 결과가 산출되기 때문에 의사결정자들의 서로 다른 의견을 보일 경우, 이를 통합할 방법론이 존재하지 않는다. 실제 의사결정에는 대안에 대한 이질적 형태의 의사가 나타나게 되며, 이를 조정하여 합의에 이르게 하는 방법이 존재하지 않는다.

AHP 특징

- AHP의 가장 큰 특징은 복잡한 문제를 계층화하여 주요 요인과 세부 요인들로 나누고, 이러한 요인들에 대한 쌍대비교雙對比較: pairwise comparison를 통해 중요도를 도출하게 한다.
- AHP는 의사결정의 전 과정을 단계별로 분석、해결함으로써 의사결정의 객관성을 높이고, 쌍대비교를 통해 도출된 가중치의 일관성을 검증하여 의사결정의 강건성robustness을 제고한다.
- 정량적 요소와 정성적 요소의 통합적 방법이다.
- 평가의 일관성 파악 및 개선: 우선순위를 결정하는데 이용되는 판단에 대한 논리적 일관성을 검증할 수 있다.
- 의사결정 참가자의 의견 통합 및 집단의사결정 도출한다.
- 과정의 반복: 문제의 정의를 수정할 수 있게 해주며, 반복을 통해 판단과 이해를 수정하게 해준다.

3. 대안선정 방법

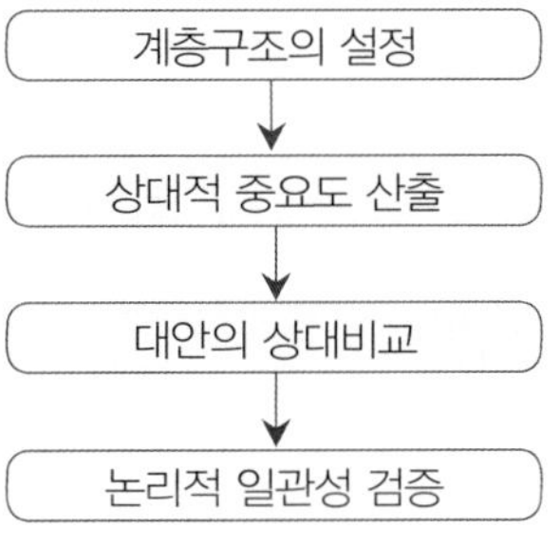

[그림 19] 대안선정법

계층적 구조의 설정

- 평가의 목적과 이를 평가하기 위한 기준으로 계층화한다. 계층화 과정을 통해 평가의 목적을 명확히 하고, 이를 판별하기 위한 기준을 계층화함으로써 세분화한다. 논리적 판단에 의해 구성된 계층적 구조를 기반으로 대안들을 평가하게 된다. 계층적 구조는 대안을 평가하기 위한 성과지표가 계층적 구조로 형성되게 된다. 대안 또는 성과는 계층적 구조에 의해 구조화할 필요가 없다.

상대적 중요도의 설정

■ 쌍대비교를 기반으로 성과지표 또는 대안을 평가하는 기준의 상대적 중요도를 도출한다. 성과지표 또는 기준의 상대적중요도는 사람들의 주관적 판단과 외부환경에 따라서 상이하게 나타난다. 상대적 중요도를 도출하여 대안결정 또는 의사결정에 가장 유의미한 영향을 주는 요인을 도출하게 된다.

대안의 쌍대비교

■ 사람은 관측한 사물 사이의 관계를 인식하고, 유사한 사물들을 짝으로 묶어 특정 기준에 대하여 비교하고, 그 짝의 구성 인자 사이의 선호도를 판단하는 능력을 소유하고 있으며, 최종적으로 상상이나 논리적 과정을 통하여 그들이 내린 판단을 종합하여 전체 시스템에 대한 이해를 보다 강화한다. 따라서 AHP는 쌍대비교를 기반으로 대안 또는 성과를 도출하게 된다.

■ 동시에 여러 개를 비교할 수 없는 사람의 한계를 극복하고 결과물의 신뢰성을 확보하고자 AHP는 쌍대비교를 기반으로 대안 및 성과를 비교한다. AHP에서 쌍대비교는 크게 두 부분에서 이루어진다. 첫 번째로는 대안의 평가를 위한 성과지표들 간의 쌍대비교이다. 성과지표들 간의 쌍대비교는 성과지표의 상대적 중요도를 도출하기 위해 필요하다. 대안 또는 성과를 평가하기 위한 성과지표 간 상대적 중요도가 차이가 존재한다. '이윤' 성과지표와 '연구개발' 성과지표 간의 상대적 중요도가 차이가 있을 수밖에 없다. 조직의 추구하고자 비전과 최고경영자의 의지, 외부환경 등의 영향에 따라서 성과지표의 중요도는 변화하게 된다. 조직 자원의 효율적 활용과 조직 이윤의 극대화를 위해서는 선택과 집중이 요구되며 선택과 집중을 위해서 성과지표 간 상대적 중요도를 산출하게 된다. 성과지표 간 상대적 중요도가 산출되고 난 뒤, 다음으로 대안 간 쌍대비교를 실시하게 된다. 성과지표의 기준에서 대안들을 쌍대비교하게 되는 것이다.

논리적 일관성의 유지

■ 사람은 사물이나 생각들을 논리적 일관성을 갖도록 관계를 설정하는 능력을 갖고 있다고 한다. 일관성은 두 가지 의미를 갖는데, 유사한 사물이나 생각들을 동질성이나 관련성에 따라 묶는 것과 특정한 기준이 있을 경우 생각이나 사물들의 관계의 강약을 그 기준에 따라 논리적인 방법으로 구성한다는 것이다. AHP에서 일관성 지수는 쌍대비교를 기준으로 도출되게 된다. 세 가지 성과지표 A, B, C가 있다고 가정하자. 첫 번째 쌍대비교에서 A와 B를 비교하였을 때 A가 B보다 매우 중요하다고 응답하였다. 두 번째 쌍대비교에서 A와 C를 비교하였을 때 C가 A보다 중요하다고 응답하였다. 세 번째 쌍대비교에서 B와 C를 비교하였을 때 B가 매우 중요하다고 응답하였다. 이렇게 응답하였다면 일관성이 확보된 응답이라고 볼 수 없다. 첫 번째 쌍대비교와 두 번째 쌍대비교를 보게 되면 A는 B보다 매우 중요하고, C는 A보다 중요하므로 중요도가 C, A, B 순임을 추측해볼 수 있다. 그러나 세 번째 응답에서는 B가 더 중요하다고 응답하여 응답자의 일관성이 부족함을 유추해볼 수 있다. 이러한 응답자의 일관성을 체크하는 것이 마지막 단계이다.

4. AHP의 가중치 계산

4.1. AHP 프로세스

AHP 절차

■ 쌍대비교란 수학적으로 가중치를 산정하는 의사결정 방법론으로서, 지표 2개씩 번갈아 짝지어 중요도 측면에서 우열 정도를 평가하여 총 점수 합계에서 차지하는 비율로 가중치를 결정하는 방법이다. 쌍대비교를 기반으로 도출된 값은 다음의 과정을 거쳐 정규화 된 값으로 가중치가 산출된다.

AHP 분석 방법은 단순한 결정의 문제에서부터 복잡하고 자본 집약형 문제까지 다양한 문제의 범위에서 널리 사용되는 유용한 도구라 할 수 있다(Vargas, 1990).

■ 동시에 AHP분석 기법은 어떠한 주제에 대한 의사 결정에 도움을 줄 수 있는데, 이는 응답자의 비교에 의한 응답에 의하여 분석된다는 특징이 있다. 이러한 시스템적인 접근 방법은 여러 응답자로부터 각 요소에 대한 가중치를 계산하여 경쟁 순위를 모으는 특징이 있다(Lee, Joshi & Bae, 2008). 그리하여 AHP를 사용하면 우리 인간들이 지각하고 목적하는 모든 것들을 하나의 전반적인 관점에서 통합할 수 있다. 특히 AHP에서는 판단의 일관성이 요구되지도 않는다(Saaty, 1986, pp.845-846).

- 대부분 여러 가지 생각을 동시에 하기가 어렵다. 따라서 문제를 복합적으로 구조화해서 한 단계씩 생각해 갈 필요가 있다. 즉 문제의 단순화와 구조화에 의해서 개념적으로 복잡한 문제를 해결해 갈 수 있다. 따라서 AHP는 하나의 문제를 보다 단순한 부분들로 쪼개어서 의사결정영역 내에 포함된 모든 판단의 과정을 일대일 비교pairwise comparison에 의해 행함으로써, 기본적 합리성을 유지하고 있다(박찬정, 2011). AHP의 과정을 세 개로 나눌 수 있는데, ①분해decomposition, ②비교의 의한 판단, ③우선순위에 의한 종합순위의 결정이다(Saaty, 1986, pp.841-844). 이를 풀이하여 설명하자면, AHP 모델 정의, 설문을 통한 관련 요소간의 쌍대비교 판단Comparative Judgment, 가중치(중요도)의 계산, 복합 가중치 계산, 대안 평가 및 분석의 단계로 말할 수 있다.
- AHP 모델 정의 단계에서는 의사결정 문제를 상호 관련된 평가 항목들의 계층으로 분류하여 AHP 모형을 설정한다.
- 쌍대비교 판단에서는 의사결정 속성들 간의 선호도 상대 평가를 통해 쌍대 비교 자료를 수집한다. 이 단계에 포함된 정성적 평가를 위해 Satty는 9점 척도를 사용하여 상대 비교 시 중요도의 척도를 나타낸다.
- 가중치(중요도) 계산은 고유벡터법Eigen Value을 사용하여 평가지표간의 상대적 가중치(또는 중요도)를 추정한다. 평가된 쌍대비교 결과들을 이용하여 각 평가 항목들의 상대적 가중치를 종합하기 위하여 개인의 쌍대비교행렬에 고유벡터 계산법을 적용하여 가중치와 평점에 대한 우선순위 벡터를 구해야 한다.(홍정만, 2011)
- 평가항목 i를 평가항목 j와 비교하여 어느 정도 중요한지를 나타내는 상대적 중요도를 a_{ij}라 하면 쌍대비교행렬 A는 다음과 같다.

$$A = [a_{ij}] = \begin{pmatrix} a_{11}\ a_{12} \cdots a_{1n} \\ a_{21}\ a_{22} \cdots a_{2n} \\ \cdots\ \cdots \cdots \cdots \\ a_{n1}\ a_{n2} \cdots a_{n3} \end{pmatrix} = \begin{pmatrix} \frac{w_1}{w_1}\ \frac{w_1}{w_2} \cdots \frac{w_1}{w_n} \\ \frac{w_2}{w_1}\ \frac{w_2}{w_2} \cdots \frac{w_2}{w_n} \\ \cdots\ \cdots\ \cdots\ \cdots \\ \frac{w_n}{w_1}\ \frac{w_n}{w_2} \cdots \frac{w_n}{w_n} \end{pmatrix}$$

- 여기서, w_i(i=1,2,⋯,n)는 i번째 평가항목의 가중치를 의미하고, 이 행렬은 원소 a_{ij}에 대하여 $a_{ij} - \frac{1}{a_{ji}}$관계가 성립하는 역수 행렬이 된다. 일반적으로 쌍대비교행렬(A)로부터 요소의 중요도를 계산하는 방법 중 가장 보편적인 방법이 고유벡터법이다. 이에 대해서, 식 AW=λW을 만족하는 스칼라 λ와 그에 대응하는 n×1의 고유벡터 W=w_i가 성립하는데, 고유벡터 W 가운데 $\sum W_j$-1을 만족하는 정규화된 고유벡터가 상대적 가중치가 된다.

- 쌍대비교행렬 A로부터 고유벡터 W를 구하는 방법은 식 (A-λI)W=0에서 고유벡터 W가 영벡터가 아닌 값을 가지려면 행렬 A는 식 ∣A-λI∣=0을 성립시켜야 한다. 식 ∣A-λI∣=0에서 특정방적식의 근 λ_i(i=1,2,⋯,n)중에서 최대인 λ_{max}(즉, 최대고유치)을 구한다. 이 고유치 λ_{max}에 대응하는 고유벡터 중에서 $\sum W_j$ =1을 만족하는 정규화 고유벡터normalized eigenvector가 그 계층내의 요소간의 가중치가 된다.(홍정만, 2011)

- 위에서 행렬 A의 λ_{max}에 대한 고유벡터를 요소의 중요도 벡터 W로 사용할 수 있음을 설명하였다. 더불어, 쌍대 비교 행렬의 일치성의 정도를 나타내는 척도를 유도할 수 있다. 완전한 일치성이 보장되는 경우 다음과 같은 식이 성립된다.

$$AW=nW$$

- 위의 식을 만족하는, 즉 일치성을 만족하는 행렬A로부터 a_{ij}의 약간의 변화는

λ_{max}의 n으로부터의 약간의 변화를 가져온다. 따라서 λ_{max}와 n의 편차는 쌍대 비교치 a_{ij}가 원래의 비교치로부터 얼마나 벗어나 있는가를 시사해 준다. 다시 말해서, λ_{max}와 n의 편차로부터 쌍대 비교행렬의 일치성의 정도를 알 수 있게 된다. 따라서 일치성 지수(consistency index: CI)를 다음과 같이 정의한다(정순석, 2006).

$$CI = \frac{\lambda_{max} - n}{n-1}$$

- Staay는 두 가지 방법으로 쌍대비교행렬의 일치성 여부를 판단하도록 권하고 있다. 먼저, CI가 0.1이하이면 받아들일 만하다고 제안하고 있고, 둘째, Oak Ridge 연구실에서 제시한 임의지수random index: RI)를 이용한다. RI는 행렬 차수별로 100개씩 상반행렬을 임의로 발생시켜 차수별로 CI를 평균한 것이다.

- 최종적으로 여러 대안들에 대한 종합 순위를 얻기 위해 상대적인 가중치를 종합화하고, 최상위 레벨에 있는 의사결정문제의 합리적인 목표를 달성할 수 있다.

쌍대비교 프로세스

- 각 평가 기준에서 각 대안에 대한 쌍대 비교 행렬을 구한다. 평가 기준 선호도 행렬 구하는 절차는 다음과 같다.
  - 쌍대 비교 행렬의 각 열의 값을 합한다.
  - 쌍대 비교 행렬의 각 값을 해당 열의 합으로 나눈다. 이것이 표준화normalized 된 행렬이다.
  - 표준화된 행렬의 각 행의 값을 평균한다. 이것이 선호도 벡터이다.
  - 각각의 평가 기준에 대한 각 위치의 선호도를 이용하여 선호도 행렬을 만든다.

- 평가 기준에 대한 선호도 벡터 구하는 절차는 다음과 같다.
  - 각 평가 기준에 대한 쌍대 비교 행렬을 구한다.

- 행렬의 값을 해당 열의 합으로 나눠서 표준화된 행렬을 계산한다.
- 표준화된 행렬에서 각 행의 평균을 계산하여 평가 기준에 대한 선호도 벡터를 구한다.

■ 대안에 대한 선호도 행렬과 평가기준에 대한 선호도 벡터를 곱해서 합성한다.

■ 위의 결과를 바탕으로 대안의 우선순위를 정한다.

4.2. 쌍대비교법

쌍대 비교법에서는 두 대안을 한 가지 평가 기준에 따라서 서로 비교하여 선호되는 대안을 결정하고 선호의 정도를 수치를 통해서 나타낸다.

■ AHP를 의사결정상황에 적용함으로써 얻을 수 있는 주요한 이점은 바로 특정 계층을 구성하고 있는 요소들에 대한 이원비교를 통하여 그 요소들이 차지하고 있는 중요성의 정도를 비교적 간편하게 측정해 낼 수 있다는 것이다. 만일 어떤 계층을 구성하고 있는 요소의 수가 n개라고 가정한다면, 그 요소들 간의 상대적 중요성을 측정하기 위해서는$n(n-1)/2$번의 이원비교가 실시되어야 한다. 이러한 이원비교를 통한 판단은 통상적으로 1부터 9까지의 숫자를 부여함으로써 이루어진다. 평가자/의사결정자가 이러한 이원비교작업을 수행한 후에는 이를 토대로 문제의 하위 요소에 대한 상대적 중요성의 정도를 파악할 수 있다.

쌍대 비교의 선호도 크기

■ 쌍대비교에 일반적으로 사용되는 Likert Scale은 다음과 같다.

■ Likert Scale의 중간 점수가 존재할 수 있도록 항상 홀수로 규정되어야 한다.

[표 5] Likert Scale

선호 정도	점수
동등하게 선호됨.	1
위와 아래 중간 정도로 선호됨.	2
어느 정도 선호됨.	3
위와 아래 중간 정도로 선호됨.	4
강하게 선호됨.	5
위와 아래 중간 정도로 선호됨.	6
매우 강하게 선호됨.	7
위와 아래 중간 정도로 선호됨.	8
극단적으로 선호됨.	9

비교평가 의사결정 척도의 결정

■ 쌍대비교는 기준지표와 비교지표를 비교하여 행렬 내부에 기입하는 방식으로 출발한다. 기준지표가 비교지표에 비해 중요할 경우에는 수치를 그대로 입력한다. 반면에 비교지표가 더 중요할 경우 분수 값으로 입력하게 된다. 행렬에 입력되는 값은 [표 6]과 같다.

[표 6] 평가 척도

평가 척도	점수
기준지표가 비교지표보다 극히 중요하다.	9
기준지표가 비교지표보다 매우 중요하다.	7
기준지표가 비교지표보다 상당히 중요하다.	5
기준지표가 비교지표보다 조금 더 중요하다.	3
기준지표가 비교지표와 동일하게 중요하다.	1
기준지표가 비교지표보다 조금 덜 중요하다.	1/3
기준지표가 비교지표보다 상당히 덜 중요하다.	1/5
기준지표가 비교지표보다 매우 덜 중요하다.	1/7
기준지표가 비교지표보다 극히 덜 중요하다.	1/9

비교 매트릭스 작성

- 비교평가 의사결정 척도의 결정
  - 쌍대비교는 기준지표와 비교지표를 비교하여 행렬 내부에 기입하는 방식으로 출발한다. 기준지표가 비교지표에 비해 중요할 경우에는 수치를 그대로 입력한다. 반면에 비교지표가 더 중요할 경우 분수 값으로 입력하게 된다. 행렬에 입력되는 값은 [그림 20]와 같다.
  - 수강 신청을 위해서 교과목 선택을 해야 되는 상황을 전제로 한다. 교과목 선택의 기준은 크게 세 가지로써 기준 학점, 강의법, 난이도가 있다고 가정한다. 강의법이 학점보다는 조금 더 중요한 것으로 학점이 난이도보다는 상당히 중요한 것으로 간주한다. 강의법이 난이도보다는 극히 중요하다고 가정하였을 때 구성된 매트릭스는 [그림 20]과 같다.

구분	학점	강의법	난이도
학점	1	1/3	5
강의법	3	1	9
난이도	1/5	1/9	1

[그림 20] AHP 계산1

AHP의 다음 단계는 각 평가 기준 내에서 우선순위를 결정하고 이것을 일반화(표준화) 하는 것이다. 쌍대비교 행렬은 비교 결과를 평가 기준에 따라 정리한다.

- 열 방향으로 합을 구한다.

구분	학점	강의법	난이도
학점	1	1/3	5
	+	+	+
강의법	3	1	9
	+	+	+
난이도	1/5	1/9	1
	= 4.20	= 1.44	= 15.00

[그림 21] AHP 계산2

■ 열 방향의 합으로 각 행렬 값을 나누어 준다.

구분	학점	강의법	난이도
학점	= 1 / 4.20	= 1/3 / 1.44	= 5 / 15
강의법	= 3 / 4.20	= 1 / 1.44	= 9/ 15
난이도	= 1/5 / 4.20	= 1/9 / 1.44	= 1/ 15

[그림 22] AHP 계산3

■ 행 방향의 평균값을 구한다. 행 방향의 총 합을 구하여 인자 수로 나누어 준다.

구분	학점	강의법	난이도	
학점	(0.24 +	0.23 +	0.33	) / 3 = 0.27
강의법	(0.71 +	0.69 +	0.60	) / 3 = 0.67
난이도	(0.05 +	0.08 +	0.07	) / 3 = 0.06

[그림 23] AHP 계산4

■ % 값으로 최종 가중치를 도출한다.

성과지표	상대적 중요도
학점	27%
강의법	67%
난이도	6%

[그림 24] AHP 계산5

선호도 도출 및 점수 계산

■ MIS, 경영정보, 경영과학 중에서 한 과목을 선택하고자 한다. 학점을 기준으로 세 과목을 비교하였을 때 산출된 행렬은 다음과 같다. MIS와 경영정보를 비교하였을 때 MIS는 경영정보다 매우 중요하며, MIS는 경영과학보다는 극히 중요하다고 가정한다. 경영정보는 경영과학보다 매우 중요하다고 가정한다. 이 때 구성된 행렬은 다음과 같다.

구분	MIS	경영정보	경영과학
MS	1	5	9
경영정보	1/5	1	5
경영과학	1/9	1/5	1

[그림 25] 과목의 선호도 행렬

■ 교과목 선택을 위한 기준의 상대적 중요도 도출 과정과 동일한 과정을 거쳐 각 교과목의 선호도를 도출한다. 학점 기준으로 세 교과목을 쌍대비교하고, 강의법 기준으로 세 교과목을 쌍대비교한다. 마지막으로 난이도를 기준으로 세 교과목을 쌍대비교한다. 결과로 도출된 선호도 행렬은 다음과 같다.

구분	학점	강의법	난이도
MIS	0.72	0.33	0.33
경영정도	0.22	0.33	0.6
경영과학	0.06	0.33	0.07

[그림 26] 과목의 선호도 도출

■ 평가기준 벡터와 선호도 벡터의 곱으로 전체 선호도 도출한다. 가중치 합으로 전체 Score를 계산한다.

구분	학점	강의법	난이도
MIS	0.72	0.33	0.33
경영정도	0.22	0.33	0.6
경영과학	0.06	0.33	0.07

×

구분	상대적 중요도
학점	27%
강의법	67%
난이도	6%

[그림 27] 전체 Score 계산

- MIS 점수 = 0.44
- 경영정보 점수 = 0.32
- 경영과학 점수 = 0.24

4.3. AHP 일관성지수

'Consistency Index'는 비교수행자가 얼마만큼의 일관성을 가지고 결과를 적었는가를 보여주는 "일관성 지수"라고 표현할 수 있다. 일관성 지수를 통해서 의사결정자(또는 답변자)의 일관성을 측정할 수 있다.

- 예를 들어 어떤 비교수행자가 A지표는 B지표보다 중요하고, B지표는 C지표보다 중요하다고 기재하였는데, C지표가 A지표보다 중요하다 라고 기재하면, 그 비교수행자는 일관성이 있다고 볼 수 없으며, 그 만큼 신뢰성이 떨어진다.
- 계층분석법은 의사결정자의 쌍대 비교 선호도에 따라 의존한다. 따라서 의사결정자의 의견에 일관성이 있어야 좋은 분석이 될 수 있다.

4.4. 일관지수 도출 단계

선호도 행렬에 상대적 중요도를 곱한다.

- 앞의 예제와 동일한 상황을 가정한다. 교과목 선택을 위한 세 가지 기준, 학점, 강의법, 난이도가 있으며 이들 기준 간 상대적 중요도 도출을 위한 행렬은 다음과 같다. 상대적 중요도 도출을 위해 구성된 행렬에 상대적 중요도를 다음 그림과 같이 곱한다.

곱해진 결과값을 상대적중요도로 나눈다.

- 0.81 / 27% = 3.03(오른쪽 행렬의 학점 결과값을 상대적 중요도의 값으로 나눈다.)

■ 2.04 / 67% = 3.06(오른쪽 행렬의 강의법 결과값을 상대적 중요도의 값으로 나눈다.)

■ 0.19 / 6% = 3.06(오른쪽 행렬의 난이도 결과값을 상대적 중요도의 값으로 나눈다.)

구분	학점	강의법	난이도
MIS	1	1/3	5
경영정도	3	1	9
경영과학	1/5	1/9	1

×

성과지표	상대적 중요도
학점	27%
강의법	67%
난이도	6%

=

0.81
2.04
0.19

[그림 28] 일관성 지수 도출

다음의 식을 기반으로 CI 값을 도출한다.

■ n=3(학점, 강의법, 난이도로 변수의 개수는 n은 3이다.)

■ λ_{max} 는 위의 과정에서 도출된 값의 평균값이다. $\lambda_{max} = \frac{(3.03+3.06+3.06)}{3}$

(3.03 - 3) / (3 - 1) = 0.014 (CI = $\frac{\lambda_{max}-n}{n-1}$)

5. AHP 분석 단계

문제의 구조화problem decomposition and model structuring

- AHP를 적용하기 위해 대안을 평가하기 위한 기준들을 계층화 하여야 한다. 문제를 정확히 정의하고, 대안을 선택하고자 하는 목적을 정의한다. 계층화 작업은 당면한 문제를 방법론을 통해 해결할 수 있게끔 하는 모형이 구성되며, 모형 내에는 문제의 핵심적 요소 및 그들간의 관계가 표현된다.

- 다음 상황을 가정해 보자. 직장을 금전적 관점과 윤택한 삶이라는 두 가지 관점을 통해 선택하고자 한다. 금전적 관점 내에는 연봉, 복리후생, 성과금의 성과지표가 있고, 윤택한 삶에는 출퇴근 시간, 전공일치도, 업무강도의 성과지표가 있다고 가정한다. 각 관점 및 성과지표 간의 구조화는 다음과 같다.

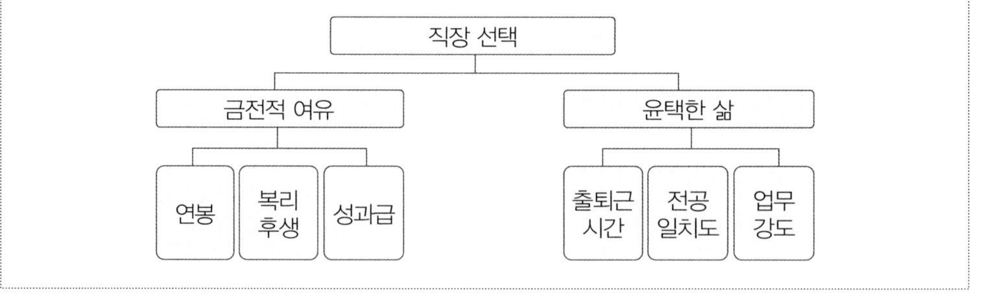

[그림 29] AHP 구조화

성과지표 간 가중치 도출을 위한 설문조사지 작성

■ 성과지표 간 가중치 도출을 위해 다음과 같이 설문조사지를 작성한다. 설문조사지는 관점 별 비교와 관점 내 성과지표의 쌍대비교로 구성된다.

AHP 설문조사지																		
	관점 쌍대비교																	
	9	8	7	6	5	4	3	2	1	2	3	4	5	6	7	8	9	
금전적 여유																		윤택한 삶
	평가지표 쌍대비교																	
	9	8	7	6	5	4	3	2	1	2	3	4	5	6	7	8	9	
연봉																		복리후생
연봉																		성과금
복리후생																		성과금
	평가지표 쌍대비교																	
	9	8	7	6	5	4	3	2	1	2	3	4	5	6	7	8	9	
출퇴근 시간																		전공일치도
출퇴근 시간																		업무강도
전공일치도																		업무강도

[그림 30] AHP 설문지

쌍대비교를 통한 성과지표의 가중치 도출

■ Expert Choice 또는 Excel version의 AHP를 사용하여 가중치를 도출할 수 있다. Expert Choice는 홈페이지(Expertchoice.com)에서 Trial Version을 다운로드 받아 설치하여 15일 안 무료로 사용할 수 있다. Expert Choice Application의 사용이 힘들 경우에는 검색을 통해 AHP를 Excel 버전으로 구현해 놓은 것을 다

운로드 받아 사용하면 손쉽게 가중치를 도출할 수 있다.

■ 다음과 같이 의사결정을 하였다고 가정한다.

	관점 쌍대비교																	
	9	8	7	6	5	4	3	2	1	2	3	4	5	6	7	8	9	
금전적 여유												V						윤택한 삶
	평가지표 쌍대비교																	
	9	8	7	6	5	4	3	2	1	2	3	4	5	6	7	8	9	
연봉					V													복리후생
연봉							V											성과금
복리후생											V							성과금
	평가지표 쌍대비교																	
	9	8	7	6	5	4	3	2	1	2	3	4	5	6	7	8	9	
출퇴근 시간			V															전공일치도
출퇴근 시간									V									업무강도
전공일치도															V			업무강도

[그림 31] AHP 설문지 결과

■ 관점의 가중치 및 성과지표 가중치 행렬은 다음과 같다.

$$\text{관점 쌍대비교 행렬} = \begin{pmatrix} 1 & \frac{1}{4} \\ 4 & 1 \end{pmatrix}$$

$$\text{금전적 여유 관점의 평가지표 쌍대비교 행렬} = \begin{pmatrix} 1 & 5 & 3 \\ \frac{1}{5} & 1 & \frac{1}{3} \\ \frac{1}{3} & 3 & 1 \end{pmatrix}$$

$$\text{윤택한 삶 관점의 평가지표 쌍대비교 행렬} = \begin{pmatrix} 1 & 7 & 1 \\ \frac{1}{7} & 1 & \frac{1}{7} \\ 1 & 7 & 1 \end{pmatrix}$$

■ 관점별 가중치에 성과지표의 가중치행렬을 곱하여 성과지표별 가중치를 산출한다.

대안간 선호도 조사를 위한 설문지 작성

- 대안간 선호도를 조사하기 위한 설문지를 작성한다. 성과지표 간 쌍대비교를 통해 가중치를 도출하는 것과 마찬가지로, 대안 간 쌍대비교를 통해 선호도를 작성한다. 각 성과지표의 관점에서 각 대안들을 쌍대비교하여 각 대안별 점수를 도출한다.

- 전자회사인 A사와 제철회사인 B사, 그리고 금융회사인 C사 중 가장 적합한 회사를 선택하기 위한 상황을 가정한다. 가정에 따라 작성된 설문조사지를 다음과 같다.

AHP 설문조사지																		
	연봉측면에서 세 회사를 비교																	
	9	8	7	6	5	4	3	2	1	2	3	4	5	6	7	8	9	
A사																		B사
A사																		C사
B사																		C사
	복리후생측면에서 세 회사를 비교																	
	9	8	7	6	5	4	3	2	1	2	3	4	5	6	7	8	9	
A사																		B사
A사																		C사
B사																		C사
	성과금측면에서 세 회사를 비교																	
	9	8	7	6	5	4	3	2	1	2	3	4	5	6	7	8	9	
A사																		B사
A사																		C사
B사																		C사
	출퇴근측면에서 세 회사를 비교																	
	9	8	7	6	5	4	3	2	1	2	3	4	5	6	7	8	9	
A사																		B사
A사																		C사
B사																		C사

	전공일치도측면에서 세 회사를 비교																	
	9	8	7	6	5	4	3	2	1	2	3	4	5	6	7	8	9	
A사																		B사
A사																		C사
B사																		C사

	업무강도측면에서 세 회사를 비교																	
	9	8	7	6	5	4	3	2	1	2	3	4	5	6	7	8	9	
A사																		B사
A사																		C사
B사																		C사

[그림 32] AHP 대안 설문지

쌍대비교를 통한 대안간 선호도 도출

- Expert Choice 또는 Excel version의 AHP를 사용하여 선호도를 도출한다. 다음과 같이 선호도가 도출되었다고 가정한다.

AHP 설문조사지

	연봉측면에서 세 회사를 비교																	
	9	8	7	6	5	4	3	2	1	2	3	4	5	6	7	8	9	
A사					V													B사
A사									V									C사
B사													V					C사

	복리후생측면에서 세 회사를 비교																	
	9	8	7	6	5	4	3	2	1	2	3	4	5	6	7	8	9	
A사												V						B사
A사										V								C사
B사							V											C사

	성과금측면에서 세 회사를 비교																	
	9	8	7	6	5	4	3	2	1	2	3	4	5	6	7	8	9	
A사						V												B사
A사				V														C사
B사							V											C사

	출퇴근측면에서 세 회사를 비교																	
	9	8	7	6	5	4	3	2	1	2	3	4	5	6	7	8	9	
A사									V									B사
A사													V					C사
B사													V					C사

	전공일치도측면에서 세 회사를 비교																	
	9	8	7	6	5	4	3	2	1	2	3	4	5	6	7	8	9	
A시											V							B사
A사														V				C사
B사											V							C사

	업무강도측면에서 세 회사를 비교																	
	9	8	7	6	5	4	3	2	1	2	3	4	5	6	7	8	9	
A사					V													B사
A사					V													C사
B사									V									C사

[그림 33] AHP 대안 설문지 결과

- 설문조사 결과로 도출된 각 회사의 선호도 행렬을 도출한다.

대안별 점수 도출을 기반으로 최적화된 대안 도출

- 도출된 가중치 행렬에 선호도 행렬을 곱하여 각 대안 별 점수를 도출한다. 가장 높은 점수를 받은 대안을 선택한다. C 회사가 가장 높은 점수를 받은 것으로 산출되었다.

CI/RI 도출을 통한 의사결정의 일관성 비교

- 의사결정의 일관성이 확보되었는지를 CI/RI 값으로 확인한다. 0.1이하일 경우에는 의사결정의 일관성이 확보되었다고 판단한다. 사례의 경우 CI값이 0.01 정

도로 산출되어 모두 일관성을 확보했다고 판단할 수 있다.

가능한 선택대안들 간에 최종순위 도출

- AHP의 결과가 절대적일 수 없다. 쌍대비교를 통해 정성적인 것을 정량화하는 시도일 뿐이지 그 결과가 절대적이라고 볼 수는 없는 것이다. 따라서 AHP의 결과를 면밀히 살펴보고 결과를 분석해볼 필요가 있다. 평가자에게 당면한 문제에 대해 이를 구성하고 있는 하위 목표에 대한 우선순위관계 또는 문제에서 차지하는 영향력 등에 대한 정보가 얻어졌다면 이를 이용한 문제의 평가가 가능해진다. 평가자/의사결정자는 당면한 문제에 대한 가능한 선택 대안들에 대한 평가를 시도할 수 있으며, 필요에 따라 민감도분석 이 가능하게 된다.

다수의 의사결정자의 의견이 종합하여야 할 경우, 각 설문조사지를 통해 의사결정자의 의견을 조사, 이의 결과를 기하평균을 통해 산출한다. 예를 들어, 취업 선택의 설문조사를 아버지, 어머니와 내가 각각 따로 수행하였으며, 그 결과가 다음과 같이 상이할 수 있다.

[표 7] 의견의 대립

	A사	B사	C사
나	0.420772	0.156023	0.424005
아버지	0.0162	0.3254	0.6584
어머니	0.5698	0.1654	0.2648
기하평균	0.157191	0.203258	0.419688

- 결과값을 보게 되면, 나의 의사결정은 A사와 C사가 유사하며, 아버지는 C사를 어머니는 A사를 선택하는 것으로 산출되었다. 이와 같이 동일문제에 대해 의사결정권자가 다수 일 경우, 이들의 의견을 수렴하여야 한다. 설문조사지를 작성

전에 충분히 의사결정 과정을 조율하여 의견을 수렴하는 것이 가장 이상적이나, 이는 쉬운 과정이 아니다. 따라서 의사결정권자의 의견으로 도출된 AHP의 결과물을 기하평균하여 각 대안별 점수를 도출한다.

■ 기하평균은 n개의 양수 이 있을 때, 이들 수의 곱의 n제곱근 의 값이다. 이를테면, 1개의 직육면체의 가로·세로·높이가 각각 a, b, c일 때, 이 직육면체와 같은 부피의 정육면체의 한 모서리의 길이는 3개의 수 a, b, c의 기하평균과 같다. n개의 양수 의 기하평균은 이들 수의 산술평균보다 크지 않다. 기하평균은 극단의 수치에 의하여 크게 영향을 적게 받는다. 또한 각 계급의 수치, 계급에 분포되어 있는 도수의 크기에 영향을 적게 받으며, 변량의 총 상승적(곱의 합)과 개수를 알면 개개의 관측치를 모르더라도 구할 수 있다. 기하평균은 계산이 다소 어렵고 이해하기 복잡해도 비율이나 평균치의 평균인 경우 산술평균보다 합리적이다. 따라서 기하평균을 이용하여 상이한 의사결정권자의 의견을 수렴한다.

Chapter 07

BSC와 AHP

BSC와 AHP 도입의 필요성 • BSC와 AHP를 이용한 성과관리시스템 • BSC와 AHP의 CoP 적용사례
BSC와 AHP 이동통신 적용사례 • BSC와 AHP의 ASP 적용사례

1. BSC와 AHP 도입의 필요성

BSC와 관련한 연구는 지속적으로 이루어져 왔으나, BSC 자체의 발전보다는 다양한 경영기법과의 융합을 통해 발전해왔다. 특히 AHP와 BSC의 활용을 통해 성과지표 간 상대적 중요도를 도출하여, 그 가치를 높이고 있다.

- 성과지표 사이의 중요도(가중치) 산출의 중요성은 널리 인정돼 왔으나 이를 합리적, 논리적으로 도출하는 데까지는 미치지 못하고 있다. 한정된 조직의 자원을 효율적으로 분배하여 최대의 효과를 산출하기 위해서는 성과지표 사이의 가중치를 도출하는 것이 필요하다. 즉 조직에서 현재 조직의 상황을 진단하고 미래 조직의 전략적 조직화를 위해서는 성과지표 간의 중요도 도출의 필요성이 존재하는 것이다.

AHP가 이러한 BSC의 한계를 극복하고, BSC의 효용가치를 배가 할 수 있는 매우 강력한 도구가 될 것으로 판단된다(강현수, 디시전사이언스 대표).

- 조직의 자원은 한정되어 있기 때문에 BSC와 같은 시스템을 도입하여 효율과 이윤의 극대화를 추구하는 것은 모든 조직이 바라는 바이다. BSC는 예산 편성이나 전략 수립과 밀접히 관련되어 있는 경영관리 프로세스이다. 전략 달성을 위한 핵심성과지표가 선정되었지만 모든 핵심성과지표가 동일한 기준으로 중요하지는 않다. 즉 기업자원의 배분의사결정과 전략의 중요도에 따라 핵심성과지

표 자체에는 경중이 있다. 따라서 핵심성과지표에 가중치를 부여함으로써 조직원에게 역량을 집중해야 할 곳을 알릴 수 있다. 그러나 가중치를 부여하는 모든 의사결정은 신중하게 이루어져야 한다. 관점, 핵심성공요인 및 성과지표 모두에 부여된 복잡한 가중치가 얼마나 평가를 정교화 할 수 있을 것인지를 생각해 보자. 단순한 빠른 의사결정이 조직의 효율성을 극대화할 수 있다. 따라서 복잡한 가중치 때문에 관리 프로세스를 더디게 하는 의사결정은 이루어지지 않도록 해야 한다. 그러므로 BSC 도입 초기에는 가중치를 부여하는 방법보다는 지표들을 개별적으로 관리하는 것이 운영의 묘를 살리는 일이다. BSC 도입이 정착되고 성과 보상이 연계되는 단계에 이르렀을 때, 종합적인 평가를 위한 가중치 부여를 사용하여 평가의 정교화를 시도하는 것이 현명하다(강현수, 디시전사이언스 대표).

2. BSC와 AHP를 이용한 성과관리시스템

BSC와 AHP를 이용한 성과관리시스템은 다음 그림과 같다.

- BSC 프로세스를 따라 성과지표를 도출한다. 도출된 성과지표의 상대적 중요도를 AHP 에 따라서 도출한다. BSC의 관점, 핵심성공요소 및 성과지표는 계층구조를 이루고 있다. 따라서 이를 이용하여 계층구조를 구축하고 구축된 계층구조에 따라서 AHP를 진행한다.
- 관점 별 상대적 중요도 조사를 위한 설문지와 핵심성공요소 별 상대적 중요도 조사를 위한 설문지를 별도로 작성하여 진행해야 한다. 또한 전문가들의 의견을 수렴하기 위해서 상대적 중요도 도출을 하기 전, 사전 협의 과정을 거치는 것이 바람직하다.

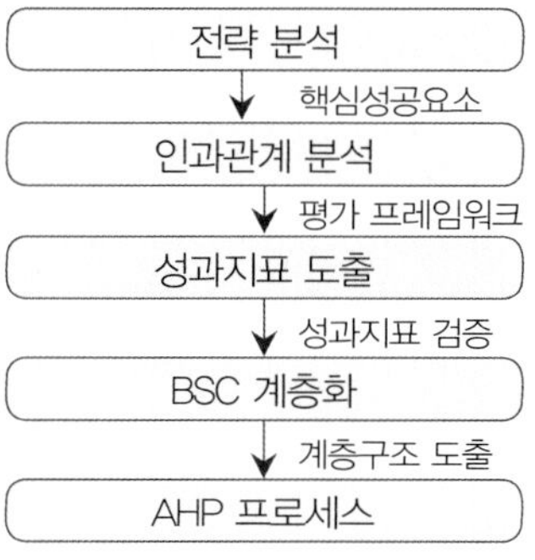

[그림 34] BSC & AHP 성과관리시스템

2.1. BSC의 프로세스

앞 장에서 설명한 것과 같이 BSC 프로세스에 따라서 성과지표를 도출한다.

- 기업의 비전을 달성하기 위한 전략을 각 관점별로 도출한다. 각 관점별로 도출된 전략을 효과적으로 추진하기 위해서 필요한 핵심성공요소를 찾아낸다. 핵심성공요소의 성과를 합리적이고 논리적으로 판단할 수 있는 성과지표를 도출한다.

- BSC에서 인과관계 분석은 모든 성과지표들이 기업의 비전을 달성하기 위해서 연관되어 있음을 보여주는 다이어그램이다. 성과지표와 핵심성공요소들관의 인과관계를 도식화함으로써 기업 구성원들의 활동과 이를 측정하기 위한 성과지표가 기업의 비전 달성에 직관적으로 연계되어 있음을 보여줄 수 있다. 그리고 기업의 비전과 연계되어 있지 않은 불필요한 활동들을 찾아 이를 기업활동에서 제외시킬 수 있기 때문에 불필요한 자원의 투자를 미연에 방지할 수 있다. 즉 성과지표의 검증작업을 인과관계 분석을 통해 할 수 있다.

2.2. BSC의 계층구조와 AHP

BSC는 비전으로부터 전략을 도출하고, 전략을 토대로 핵심성공요소를, 핵심성공요소를 토대로 성과지표를 도출한다. 이러한 프로세스에 따라서 성과지표를 산출하기 때문에 BSC는 계층구조를 가지고 있다.

- BSC의 계층구조를 도식화한 것은 다음의 그림과 같다. 비전을 달성하기 위한 각 관점별 전략, 전략을 달성하기 위해 필요한 핵심성공요소, 이를 측정하기 위

한 성과지표로 BSC는 구성되어 있다. 따라서 아래 그림과 같이 계층구조를 가지고 있으며, 이 계층구조를 따라서 AHP의 과정을 수행하게 된다.

[그림 35] BSC 구조

2.3. AHP 프로세스

구축된 계층구조에 따라서 AHP를 진행한다.

■ 각 관점별로 쌍대비교를 한다. BSC는 네 개의 관점으로 구성되어 있다. 네 개의

관점은 비교하고자 하는 Domain에 따라서 변할 수 있다. 또한 기업의 비전에 따라서 또는 조직의 특성에 따라서 기업의 관점은 다양하게 바뀔 수 있다. 도출된 각 관점을 쌍대비교함으로서 각 관점별 상대적 중요도를 도출한다.

- 관점 내에 있는 핵심성공요소의 쌍대비교를 진행한다. 재무관점 내에 도출된 핵심성공요소끼리 쌍대비교를 진행한다. 이와 같은 과정을 고객관점, 학습 및 성장 관점, 내부프로세스 관점에 거쳐 진행한다. 각 관점 내에서 핵심성공요소의 상대적 중요도를 도출한다.
- 핵심성공요소를 측정하기 위한 성과지표 간의 쌍대비교를 진행한다. 쌍대비교를 통해 핵심성공요소 별 상대적 중요도를 도출한다.

도출된 상대적 중요도를 다음의 식에 따라서 성과지표의 상대적 중요도를 도출한다.

- $w_{ij^*} = w_i \times w_{ij}$
- $w_{ijk^*} = w_i \times w_{ijk}$
- w_i : i 번째 관점의 상대적 중요도
- w_{ij} : i 번째 관점의 j번째 핵심성공요소의 상대적 중요도
- w_{ij^*} : i 번째 관점의 상대적 중요도를 반영한 i번째 관점의 j번째 핵심성공요소의 상대적 중요도
- w_{ijk}: i 번째 관점의 j번째 핵심성공요소의 k번째 성과지표의 상대적 중요도
- w_{ijk^*} : 관점과 핵심성공요소의 상대적 중요도를 반영한 i 번째 관점의 j번째 핵심성공요소의 k번째 성과지표의 상대적 중요도

3. BSC와 AHP의 CoP 적용사례

3.1. CoP 정의

CoP(Communities of Practice)란 다양한 배경과 경험을 가진 사람들이 업무와 관련된 동일한 목적으로 지식을 공유 및 습득하고 재창조하기 위한 커뮤니케이션 조직으로서, 동일한 관심사의 문제에 대한 향상된 방안을 찾기 위해 정기적으로 활동하는 조직(Johnson, 2001; Wenger, 1998; Wenger, 2000)이다.

- 지식경영의 가치를 극대화하고, 구성원들의 자발적인 학습을 통한 학습조직의 실현을 위해 CoP는 이미 많은 조직에서 이용되고 있다. IBM, 3M, Xerox, Cisco 및 Dell 등과 같은 대기업에서 지식경영의 핵심적 도구로 CoP를 이용하고 있다(Chu et al., 2007a). 조직 내·외의 CoP를 구축·운영함으로써, 조직 역량의 강화, 자발적인 혁신, 일의 효율성 증대, 변화에 대한 민첩성의 증가(Chu et al., 2007b)와 같은 성과들이 가시적으로 나타나고 있다. 이러한 CoP의 성과와 관련된 연구(Chu & Khosla, 2008; McDermott, 1999a)는 활발히 이루어지고 있다.

그러나 CoP의 현재 상태를 다면적으로 진단하고, 이를 토대로 전략적 피드백을 도출하고자 하는 방법론에 관한 연구는 이루어지지 않고 있다.

- 국내의 유수 대기업뿐만 아니라, 중소기업에서도 CoP의 중요성 인식하고 있으며, 이미 CoP를 구축·운영하고 있다. 현 시점에서 CoP의 성과측정을 토대로 CoP를 진단하고, 이를 토대로 CoP를 전략적으로 이끌어 가는 것이 중요하다. 그러나 CoP를 다면적으로 측정하기 위한 성과지표의 도출에 관한 연구와 상대적 중요도를 도출하기 위한 연구는 거의 이루어지지 않고 있다. AHP를 통해 CoP 전략 및 성과지표 간 상대적 중요도를 도출하는 연구가 필요하다.
- 본 책에서 제시한 BSC와 AHP를 이용하여 BSC 기반의 CoP 전략 및 핵심성공요소Critical Success Factor의 도출과 AHP 기반의 상대적 중요도를 도출한다.

3.2. 성과지표 산출

현재 CoP의 상태를 진단하고, 이를 기반으로 조직의 CoP 전략을 수정 및 보완하기 위해서는 성과지표가 조직에서 운영하고 전략으로부터 유도되어야 한다(Irwin, 2002). 따라서 CoP의 전략을 분석하고 전략을 달성하기 위한 핵심성공요소Critical Success Factors를 도출한다.

- 문헌연구와 실제 CoP 운영 담당자 또는 전문가와의 인터뷰를 통해 조직의 CoP 운영 전략과 전략을 달성하기 위한 핵심성공요소를 도출한다. 핵심성공요소를 측정하기 위해 성과지표를 도출한다. 또한 전략 및 핵심성공요소간의 인과 관계Cause and Effect Relationship를 분석한다.

국내 A사의 CoP 운영에 적용하였다.

- A사의 지식경영팀과 CoP 프로젝트에 참여한 전문가를 대상으로 인터뷰와 설문

조사를 기반으로 평가지표 도출 및 정규화를 위한 데이터를 획득하였다. 평가지표의 실제 값은 문헌조사 또는 설문조사를 통해 도출하였다. A사는 2000년 역량강화와 평생학습, 정보교류를 목표로 CoP를 추진하였다. 도입 초기에는 직무학습동아리와 KM 동아리로 분류하여 CoP를 운영하다, 2007년 학습동아리로 통합하여 관리하고 있다. 현재는 혁신과 학습을 위해 CoP를 지속적으로 운영, 지원하고 있다. 1700개 가량의 CoP가 운영되고 있으면, 1인당 평균 5.4개의 CoP에 가입하여 활동하고 있다. 온라인상의 토론이 가능한 KMS를 구축하고 있으며, 오프라인 모임 또한 가지고 있다.

BSC 프로세스를 적용한 국내 A사 CoP의 성과지표는 다음과 같다.

[표 8] CoP 평가지표

전략	핵심성공요소	성과지표
새로운 지식 창출 (Brown & Duguid, 1991; McDermott, 1999a; Wenger, 1998)	지식 가치 증대	• 등록된 지식의 가치 • 지식 품질 만족도 • 우수 지식 등록 수 • 등록 지식에 대한 만족도 • 고객 반응에 대한 속도
	활발한 지식 창출	• 지식 등록 건수 • 일처리 방법 개선 수 • Best Practice Failure 등록 수 • 업무 처리 표준화
	혁신 활동	• 아이디어 제시 • 혁신 지식 제안
활발한 지식 공유 (Brown & Duguid, 1991; Barab et al., 2002; Ruuska 2005; Ruuska & Variainen, 2003)	지식의 적극적 활용	• 지식 활용 수 • 표준 작업 안 이용 빈도 • Best Practice 공유 • 개인 역량 강화 정도 • CoP 가입 수
	개인 역량 강화	• 토론 빈도 • 지식의 실무 적용 • 개선에 대한 만족도 • 지식 조회 건수
	초보자 학습	• 초보자 학습속도 • 업무 담당자 부재 시 공백 기간

	전문가의 적극적 활용	• 외부 전문가 수 • 외부 전문기관 비용 • 질의 응답 건수
IT의 전략적 지원 (Pan & Leidner, 2003; Shan et al., 2003)	커뮤니케이션 기술	• 동시적 토론 지원 • 반응의 실시간성 • Intra organization의 참여 가능
	KMS의 적절성	• Inter organization에서 Cross-Functional 한 업무 추진 지원 • 필요지식의 발견 시간 • 분야별 전문가와의 연결
	온라인 시스템의 효율적 지원	• 인터페이스 • 메뉴구성 • 편의성
경영자의 강력한 의지 (Rogers, 2000; McDermott, 1999b; Wenger, 1998))	인센티브	• 지식 마일리지 • 자극 정도 • 우수 CoP 보상 제도
	중재자 역할	• 중재자와 초보자의 접촉 빈도 • 중재자 대비 CoP 비율 • 중재자에 대한 만족도
	스폰서	• 학습동아리 활동 동기 부여 • 재교육 횟수 • 예산지원 금액
	이벤트	• 이벤트 건수 • 이벤트 참여 수 • 홍보 수
참여와 공유의 조직문화 (Grisham et al., 1999; McDermott, 1999b; Orr, 1996; Wenger, 2000)	친목과 흥미	• 공동체 활동에 대한 흥미
	공동체만의 리듬	• 정기모임 및 비공식 활동 빈도 • 지식 경영에 대한 관심도
	안전 신뢰	• 이미지 (지식 공유로 부터 평판이 좋아질 것이라는 기대감 • 호혜성 (자신이 지식을 제공했다면 자신이 필요할 때 다시 받을 수 있다는 기대감)
	인적 네트워크 확대	인적 네트워킹 전문가 인식도

도출된 전략과 핵심성공요소로부터 작성된 인과관계 다이어그램은 다음과 같다.

■ 관점은 지식창출 관점, 지식공유관점, CoP 프로세스 관점과 조직문화 관점으로

구성되어 있다.

- 각 관점 별로 핵심성공요소 간에 인과관계가 존재하여 기업의 비전을 달성하기 위해서 영향을 주고 있음을 볼 수 있다. 인과관계에서 제외된 핵심성공요소는 성과지표를 도출하지 않는 것이 바람직하다.

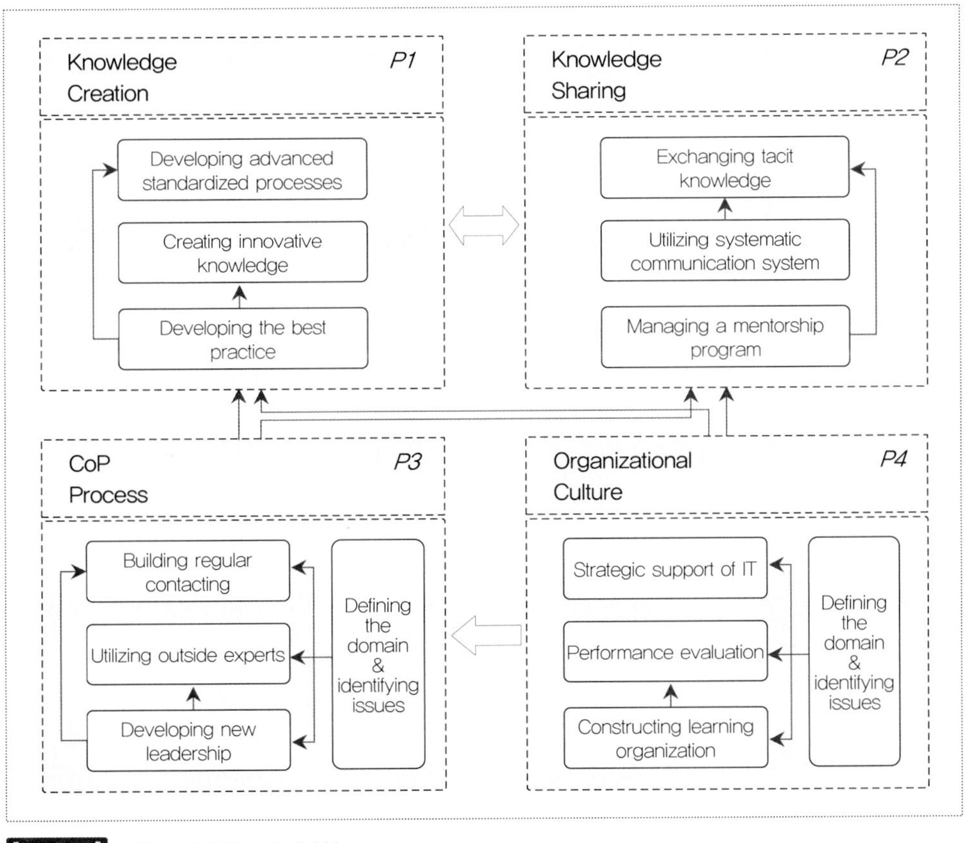

[그림 36] BSC 인과관계 – 지식경영

3.3. 계층화 구조 도출

■ CoP 전략들과 핵심성공요소 간에 계층화 구조를 구축한다. 미션으로부터 전략을, 그리고 전략으로부터 핵심성공요소를 도출하였기 때문에 계층화 구조가 구축된다.

■ CoP 평가를 위한 계층구조는 다음과 같다. 전략 간 쌍대비교, 핵심요소간 쌍대비교, 성과지표 간 쌍대비교가 필요하다.

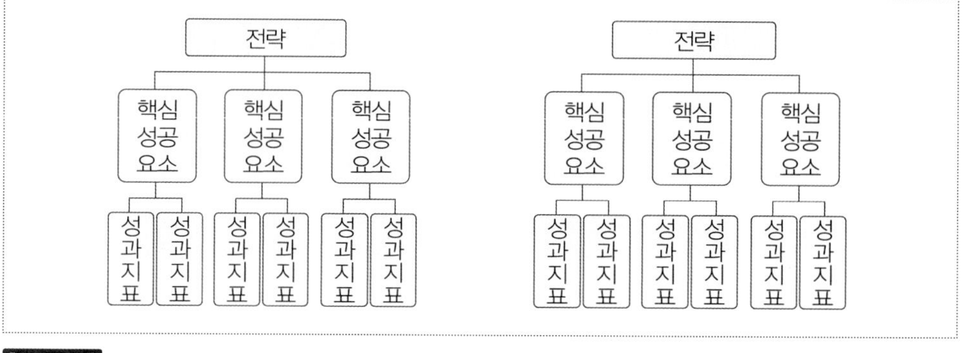

[그림 37] BSC 구조도

3.4. 상대적 중요도 산출

BSC에 따라서 구축된 계층화 구조에 따라서 상대적 중요도를 도출한다.

■ 상대적 중요도를 도출하기 위해 많이 사용되고 있는 MCDMmultiple criteria decision making 방법론으로써 AHPAnalytic Hierarchical Process가 있다. AHP는 단순함과 사용의 편의성

과 같은 장점 때문에 다양한 분야에서 사용되고 있다(Vaidya & Kumar, 2006; Ho, 2007).

쌍대비교를 통해 도출된 상대적 중요도는 다음과 같다.

[표 9] A사 상대적중요도

성과지표	상대적 중요도
등록된 지식의 가치	0.033588
지식 품질 만족도	0.01674
우수 지식 등록 수	0.002808
등록 지식에 대한 만족도	0.04266
고객 반응에 대한 속도	0.012204

4. BSC와 AHP의 이동통신 적용사례

4.1. 이동통신 성과관리시스템

통신서비스산업은 기술의 발전과 규제환경의 변화로 급속도로 성장하고 있고, 특히 한국에서는 이동전화가입자수가 4천100만 명을 넘어서 고객의 포화로 인해 신규고객의 확보가 힘들 것으로 예상되고 있다. 그러나 이미 출시되었던 통신서비스 중 상당수가 실패한 서비스로 알려져 있어, 신규서비스를 출시할 기업의 입장에서는 서비스 출시에 신중을 기하지 않을 수 없는 것이 현실이다. 안재현은 통신서비스의 실패사례 분석을 통해 다음과 같은 8가지 실패 요인을 제시하고 있다.

- 경쟁서비스 대비 마케팅 실패
- 고객 선호 오판으로 인한 수요 예측 오류
- 계획된 기술적 기준의 달성 실패
- 경쟁(신규) 서비스의 낮아진(낮은) 비용으로 경쟁력 상실
- 경쟁(신규) 서비스의 높아진(높은) 효용으로 경쟁력 상실
- 외부환경의 변화로 인한 소비자 선호 변화 및 시장 축소

■ 정부 정책의 영향으로 인한 사업성 저하; 제공되는 컨텐츠의 부족

즉, 서비스 실패의 원인이 단순히 고객의 측면에서만 보여지고 있는 것이 아니라, 기업의 마케팅 역량, 외부요인, 정책 영향 등 다양한 분야에 걸쳐 있음을 알 수 있다. 반면, 기존의 통신서비스 개발과정에서는 고객에 대한 분석에 초점이 맞추어져 왔고, 기술 선택 및 서비스 출시 과정에서 기업입장의 타당성 분석은 상대적으로 관심이 부족하였다. 따라서 차세대 통신서비스 출시를 위해 사업자들은 고객의 정확한 니즈 분석을 뿐만 아니라 기술 선정 및 도입에도 신중을 기해야 할 것으로 예측 되어지며, 신규 서비스의 성공을 위해서는 전통적 서비스 개발 방법론으로는 통신서비스의 성공을 보장할 수 없게 된 것이다.

■ 통신서비스에 대한 기존의 연구들은 서비스품질, 결정요인, 소비자행동 및 그 결과에 관한 연구가 주된 분야이며, 통신서비스에 대한 경제성 평가와 고객 만족도를 통한 평가 모형을 구축한 사례에 지나지 않고 있으며, 서비스공급자의 입장에서 통신서비스 평가하는 방법론에 대한 연구는 부족한 것이 현실이다.

■ 이에 BSC기법을 적용하여 기술을 선정, 사업화를 추진해야 하는 서비스 공급자와 서비스를 이용하게 될 고객에 대한 객관적 지표를 도출함으로서 진화/성장하고 있는 통신서비스에 대한 포괄적인 성과관리시스템을 보여주고자 한다.

신상품 개발 프로세스

■ 기업의 경쟁력 유지를 위해 신상품/제품 개발은 필수적이며, 효율적인 개발 프로세스는 신규 서비스의 성공에 영향을 미치는 중요한 요소로 인식되고 있다. 신상품의 개발 프로세스로는 일반적으로 Urban and hauser(1993)의 5단계 모델과 Cooper(1993)의 stage-gate 모델이 널리 알려져 있다. Urban은 opportunity identification, design, testing, introduction and life cycle management의 5단계를 제시하고 있고, cooper는 실제 정보수집 개발 stage 사이에 특정조건을 만족시킨 경우 다음 단계로 진입할 수 있는 checkpoint인 gate를 두어 단계별 진행상황을 점검할 수 있는 모델을 제시하고 있다. 이를 종합해 김상훈은 기존의 복잡하고 많은 단계로 이루어졌던 신상품개발프로세스를 5단계로 단순화 하였다.

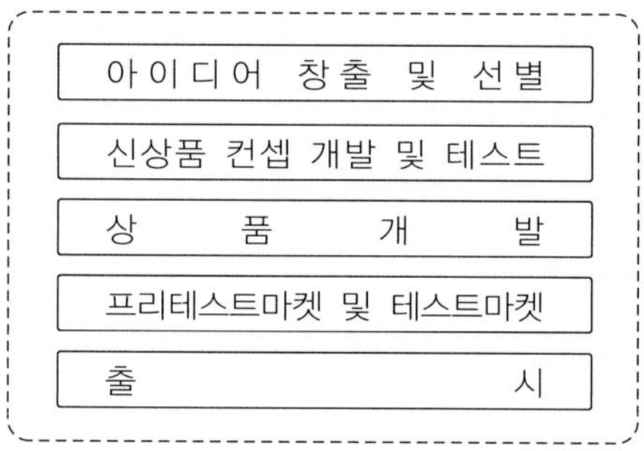

[그림 38] 통신사 성과관리시스템

- 1단계: 신상품의 아이디어를 창출, 수집한 다음 여러 기준에 비추어 절절한 것만 추려서 선택하는 일
- 2단계: 신상품의 Concept를 정하고 이를 검증하는 단계, 실제적인 제품 개발을 위해 필수적으로 수행되어야 하는 과정, 'Concept'은 소비자의 효용과 혜택의 관점에서 정의된 제품의 구체적 특징
- 3단계: 상품 개발
- 4단계: 프리테스트: 신상품에 대한 고객의 태도와 구매의향을 조사 하고, 출시 이후의 판매량을 예측(3~6개월), 테스트 마켓: 프리테스트를 통과한 제품의 광고, 가격, 유통 등 마케팅 전략을 구체화

■ 5단계: 4단계에서의 결과를 반영하여 마케팅 계획을 조정하고, 전국적 출시

통신서비스 평가

■ 일반적인 상품과 달리 서비스 상품의 경우 소비자는 서비스를 사용하기 이전에는 품질을 평가하기 어렵고, 어떤 경우에는 사용 후에도 해당 서비스의 품질/혜택을 정확히 평가하기 어려운 경우를 겪기도 한다. 또한, 하이테크 기술을 사용하는 제품시장을 살펴보면 일반적으로 높은 수준의 기술 및 시장관련 불확실성을 가지고 있다.

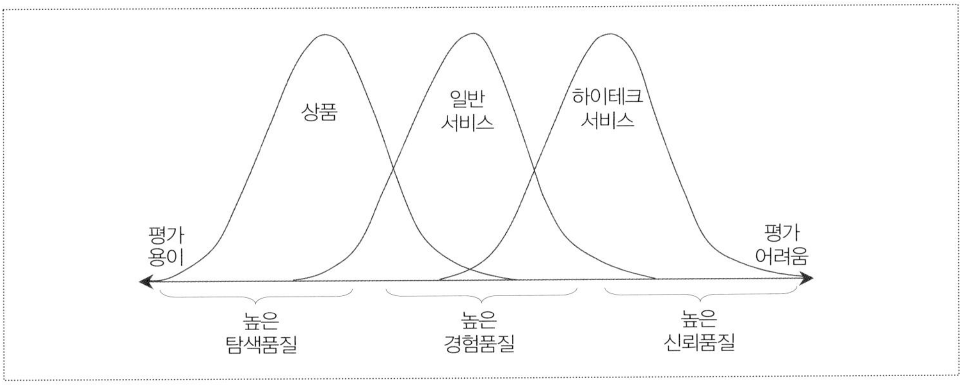

[그림 39] 통신서비스 평가

서비스의 무형적 특성으로 인해 출시 후 성공에 대한 예측이 더욱 어려울 수 밖에 없다. 실제로 많은 기업들은 hit-and-miss 방법을 여전히 이용하고 있으며 Brentani 1989) 충분치 못한 평가 와 개념 정립으로 성공에 이르지 못하고 있다.

■ Ahn & skdlark(2002)는 일반적인 신상품개발프로세스에서 한 단계 추가된 통신

서비스개발프로세스를 제시하고 있다. 여기서는 통신서비스의 개발 및 상품화에 직접적으로 영향을 미칠 수 있는 외부요소의 불확실성을 고려할 수 있는 feasibility stage를 강조함으로써, 전통적인 신상품 개발 프로세스를 통신서비스개발프로세스로 확장하고 있다. 각 각의 단계별 설명은 다음과 같다.

- Idea generation: 타겟시장에 대한 idea를 도출하기 위한 단계
- Concept assessment: 도출된 idea에 대한 점검
- a. 전략적 적합성 검토
- b. 시장 조사
- c. 시장 잠재력 검토
- Feasibility: 정량적 시장 조사와 case 분석
- 사업의 진행 혹은 아이디어 폐기에 대한 결정을 내리는 단계
- Requirement: 서비스 개요 확정
- Development & Testing: 서비스 개념의 구체화
- Deployment: 홍보, 고객, 배급 등에 대한 의사결정

■ 이와 더불어 불확실성, 정책, 경쟁관계, 고객 선호, 가격, 수요, 기술진보 등의 문제들이 의사결정에 영향을 미칠 수 있는 요소로 또한 성과평가시스템에 고려되어야 한다.

4.2. BSC를 활용한 서비스 평가

재무적 지표만으로는 경영성과를 측정할 수 없고, 단기적인 성과에 치중하게 되는 재무적 성과 지표의 한계를 극복한 중장기적 비전과 전략을 위해 Kaplan과 Norton은 다양한 시각의 경영성과 측정을 방법론인 BSC를 제시하고 있다.

- 이를 위해 장기적이고, 고객/품질/혁신/시장점유율 등을 통한 회사의 미래 비전을 제시할 추가적 보완 지표의 필요성을 강조 하고 있으며, 이는 4가지 측면의 균형 잡힌 평가 지표를 통해 재무적 측면의 성과측정 시스템에 고객, 학습/성장, 내부비즈니스 프로세스 을 포함하고 있다.

- 재무 관점은 기업의 전략 실행과 목표 달성이 순이익 개선에 기여했는지를 나타내는 지표를 도출 한다. 고객 관점은 고객 및 시장을 세분화 하고, 목표 시장에서 기업의 성과를 측정할 수 있는 지표를 설정한다. 내부 프로세스 관점은 고객만족과 재무적 목표를 달성하기 위해 필요한 프로세스의 혁신 과 운영에 관심을 두고 있고, 학습과 성장관점은 기업의 장기적인 성장과 발전을 위해 필수적으로 구축해야 하는 기반 구조를 나타낸다.

- BSC의 4가지 관점을 바탕으로 평가지표를 도출하고 이를 통신서비스 출시를 위한 전략의 도구로 사용하고자 한다. BSC를 통신서비스 평가 모형에 적용하는 이유는 다음과 같다.
  - Olve는 BSC는 핵심성공요소를 반영하여 평가지표를 도출함으로서 통신서비스 출시 및 성공 전략 수립의 도구로서 활용 가능함을 보이고 있다.
  - Martinesons와 Davison은 유형의 재무측면과 무형의 비 재무측면의 균형된 평가를 통해 통신서비스의 전체적인 성과의 평가가 가능함을 보였다.
  - Grembergen과 Amelinckx는 사업적 기술측면의 통합 평가를 통해 통신서비스 출시의 전략적 의사결정의 가능성을 보여주고 있다.

- 신규통신서비스 출시를 위해서 수반되는 막대한 비용의 투자를 위해, 통신서비스 개발 과정에서는 feasibility 단계가 가장 중요시 되고 있고, 이 과정에서는 '정말 실현 가능한 개념인가?'에 대한 고려가 이루어져야 한다. 앞서 언급한 것처럼 아이디어의 도출 및 기본적 개념 정립 이후 사업의 진행여부를 결정짓는 단계이기 때문이다. 인 논문에서는 통신서비스를 평가하기 위해서 통신서비스

제공 목적에 대한 정의, 목적에 따른 통신서비스 전략의 분석, 통신서비스 전략에 대한 cause-and-effect 관계 분석을 통해 평가지표들을 도출해 내고 이에 대한 평가를 통해 모형을 구축하고자 하였다.

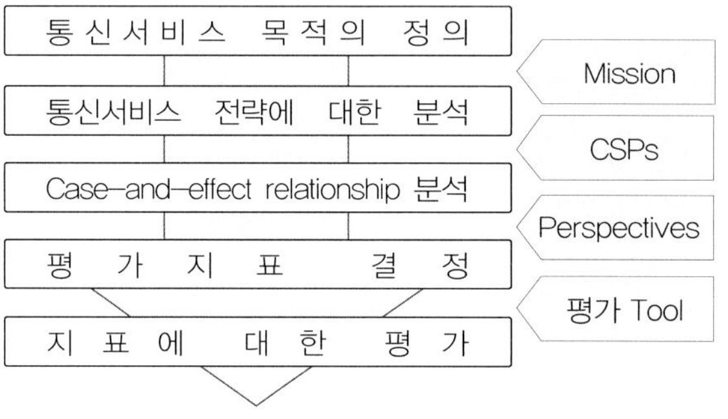

[그림 40] 통신서비스 평가방법론

통신 서비스의 목적

- 초기 통신서비스는 “공익성 확대를 통한 국민편익 증대”를 목적으로 국가 주도로 시작 되었다. 그러나 국가 주도 산업의 민간 이양이 시작되고 통신서비스가 세분화 되어짐에 따라 그 목적도 공공성기반의 기업이윤 극대화라는 측면으로 다소 변화되어 오고 있다. 최근에는 유선과 무선, 통신과 방송 서비스의 융합화와 기술의 발전으로 인해 통신서비스제공의 공공성은 점차 사라지고 고객의 요구를 바탕으로 기업의 가치를 극대화 할 수 있는 서비스 개발에 초점이 맞추어지고 있다.

통신 서비스 전략에 대한 분석

- 유무선 서비스의 통합화와 관련 기술의 발전으로 최근의 통신회사는 고객

Needs의 이해와 고객에게 새로운 가치Value를 줄 수 있는 융합 서비스의 개발을 목적으로 하고 있다. 기업은 신규서비스 활성화를 통해 시장을 구축하고, 부는 산업활성화 정책 에 주력하고, 소비자는 생산활동에 적극적 참여를 통해 새로운 가치를 창출하는 역할을 수행해야 한다. 이처럼 최근의 기업들은 기존 정부/기술/공급 견인이던 가치창출 프레임웍을 넘어서서 정부/기업/소비자의 참여와 협력을 통한 융합서비스의 출시를 통해가치창출을 이루어 내고자 하는 상황이다.

인과관계 분석

■ 또한, 서비스를 출시해서 수익을 얻고자 하는 기업의 목적을 인과관계로 나타내 보면 다음 그림과 같다.

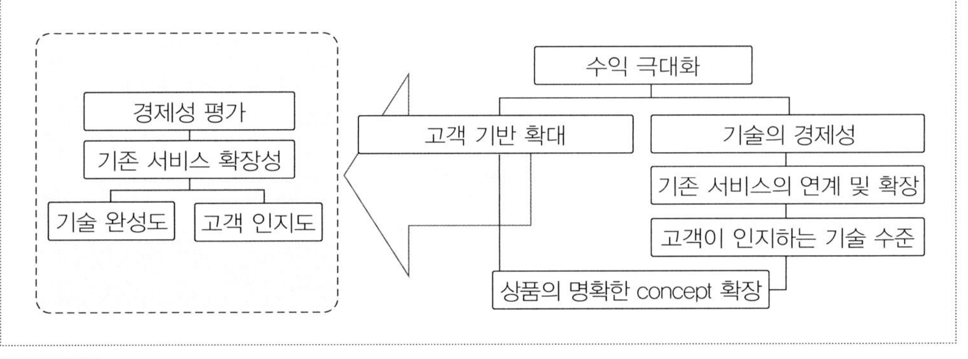

[그림 41] 통신서비스 인과관계

■ 먼저 궁극적인 기업활동의 목적이 수익극대화라는 점에서 통신서비스 출시를 통한 수익 극대화 달성을 위해서는, 가입자 기반확대가 가장 우선시 될 것이고, 기업 입장에서는 서비스의 기반이 되는 기술의 경제성에 대한 분석이 필요하다. 기술의 경제성을 분석하기 위해서는 이미 획득하고 있는 혹은 기업이 가지

고 있는 기존기술/서비스와의 연계, 기술에 대한 시장에서의 고객 인지도 등에 대한 이해가 필요하다.

■ 이를 통해서 상품의 명확한 concept의 확정이 가능해 지고, 서비스 출시에 대한 의사 결정이 가능해질 것이다.

평가 지표의 결정

■ 인과관계를 통해 도출된 4가지 측면을 BSC 관점으로 살펴보면 다음의 관계를 볼 수 있다.

[표 10] 통신서비스 관점

BSC	통신서비스 평가를 위한 BSC 적용	Focus
Financial	기술의 경제성	수익성 및 투자비용
Customer	고객 인지도	기술에 대한 고객의 이해
Internal business	기존서비스 확장성	기존 서비스 연계 가능성
Innovation & learning	기술 완성도	완성도 높은 기술의 획득 및 적용

• 각각의 핵심성공

관점1: 기술의 경제성

■ 기업 입장에서는 재무적 요소는 가격과 예산 이라는 기본적인 요소를 바탕으로 하고 있고, 고객들은 결정된 재무적 요소에 따라 구매를 결정하게 된다. 따라서 경제성의 측면을 가장 우선 고려해야 할 것이다. 또한, 시장에서 성공하기 위해서 기업은 시장크기, 시장점유율, 시장성장률 등의 재무적 요소를 고려해서 기술의 매력도를 측정하여야 한다.

관점 2: 고객의 기술 인지도

- 하이테크 서비스에 대한 소비자의 사용경험 정도가 낮을수록 소비자는 가입직후 이탈하는 성향을 보였다. 이를 소비자 가입의사결정과정과 연결해 해석한다면, 하이테크서비스에 대한 사용경험 정도가 높은 소비자일수록 문제인식단계에서부터 본인의 충족되지 않았던 요구가 신규 하이테크 서비스에 의해 제공되는 혜택과 관련이 있는지를 미리 고려한다고 판단된다. 이러한 고객은 본인이 이해하고 있는 수준에 영향을 받아서 서비스 가입을 결정하게 될 것이고, 본인의 필요수준을 넘어서는 서비스를 가입하는 일은 거의 없을 것이다.

- 소비재의 속성은 크게 3가지로 나누어 질 수 있다. ①제품을 구매하기 전에 파악할 수 있는 탐색품질search quality, ②오로지 구매 후나 소비한 이후에만 파악할 수 있는 경험품질experience quality, ③소비자가 구매 후나 소비한 이후에도 평가하기 어려운 속성인 신뢰품질credence quality이 그것이다.

- 서비스의 알려진 몇 가지 특징들 -생산과 소비가 동시에 일어남, 형태가 없음-은 서비스를 기존의 소비재가 가지고 있는 특성들 중 경험품질과 신뢰품질이 상대적으로 더욱 높은 특성을 가지게 한다. 서비스의 경우 소비자는 서비스를 사용하기 이전에는 품질을 평가하기 어렵고, 어떤 경우에는 사용 후 에도 해당 서비스의 품질/혜택을 정확히 평가하기 어려운 경우를 겪기도 한다.

관점 3: 기존서비스 확장성

- SAPPHO study에서는 신상품의 performance와 관련된 5가지 주된 변수를 추출해 냈다. 고객니즈, 마케팅에 대한 관심, 계발의 용이성, 기술과 관련된 외부적 활동, 신상품 개발과 관련한 내부책임자의 권한 등이 그것이다. 여기서도 나타난 것처럼 신상품개발 프로세스에 있어서 고객과 시장에 대한 이해도 기본적

인 요소이겠지만, 기술에 대한 내부적 적용과 개발과정에 대한 내부 책임 또한 중요한 역할임을 알 수 있다. 와이브로와 같은 신규 하이테크 서비스의 출시에 있어서도 고객유치와 유지를 위해서는 마찬가지로 효과적인 고객지원 프로그램과 정보제공 채널을 제공하는 것이 중요한 요소임을 강조하고 있다. 이와 같이 시장과 고객에 대한 기반 위에 내부적인 기술에 대한 이해도 향상 및 기존 서비스 프로세스에의 적용 용이성 등이 기업의 서비스 시너지를 위해서는 중요한 요소가 되고 있다.

관점 4: 기술 완성도

- 획득된 기술의 내부 역량화를 위해서는 기술의 완성도 측면이 중요시 되고 있으며, 성공한 서비스들에서도 그 특징이 나타나고 있다. Stanford Innovation Project에서는 148개의 하이테크 상품을 조사하여서, 성공적인 상품들의 몇 가지 공통점을 찾아내었다. R&D조직의 수준, 제품 기술적 성능, 고객에의 가치, 기업내 기본 역량과의 시너지, 일반 조직의 지원 및 시장 성장률 등이 그것이다. Kwaku는 새로운 서비스의 성공을 위해서는 실제적인 제품의 개발에 우선하는 것이 인적자원 관리와 경영진의 지원이라고 하고 있다. 따라서 학습과 혁신의 관점에서 볼 때 완성된 기술 및 현재 정책적 지원을 받을 수 있는 기술의 도입은 조직 역량 강화의 요건이 될 것이다.

각 관점 별로 도출된 목적과 성과지표는 다음의 표와 같다.

[표 11] 통신서비스 성과지표

관점	목적	지표
기술의 경제성	기술 획득의 경제성	• 타 기술 대비 상대적 투자 비용 • 기술의 시장크기 • 기술의 시장 내 점유율

	수익성	• 기술의 성장 가능성 • 가입자 수 • 매출 규모
고객 인지도	기술에 대한 고객의 인지 수준을 평가	• 기술에 대한 고객의 이해 수준 • 사용자 관점의 서비스 품질 • 사용의 용이성
서비스 확장성	기존 서비스의 연계	• 기존 서비스와의 연계성 • 기존 컨텐츠의 재활용성
	기술에 대한 내부 학습 및 지식 체계화	• 기존 프로세스 적용 가능성 • 기술 습득의 용이성 • 기술 유지 관리의 용이성
기술 완성도	기술적 구현가능성	• 기술의 상용화 수준 • 서비스 커버리지 수준 • 유사 서비스 대비 서비스 품질
	정책적 상용화 수준	• 주파수 대역의 상용화 가능성 • 정책적 의사결정 수준

4.3. AHP를 활용한 서비스 평가

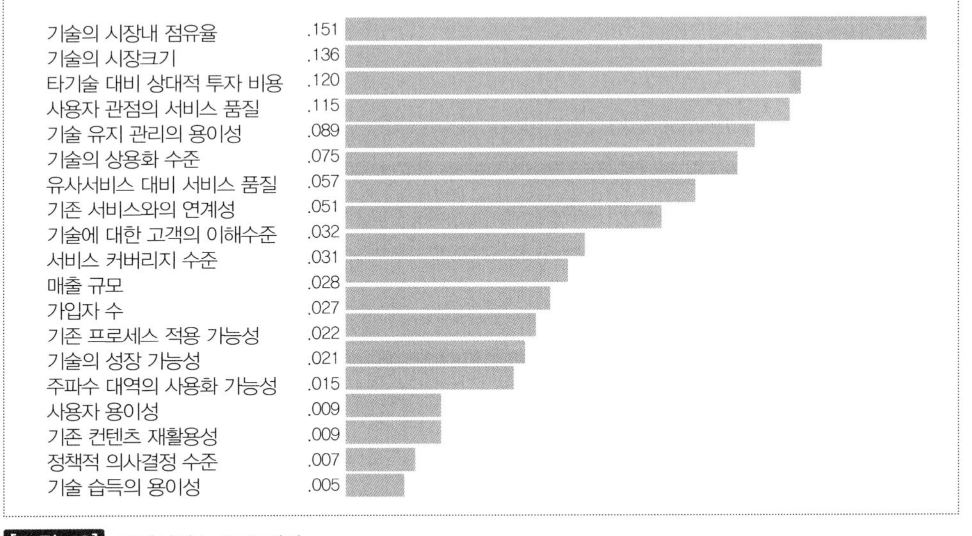

[그림 42] 통신서비스 AHP 결과

평가 지표의 중요도 도출

- 핵심성공 요소의 목적에 대한 중요도를 파악하기 위해서 통신업체 전문가 및 학계 전문가들을 대상으로 쌍대비교기반의 설문조사를 시행하였다. 분석을 위해 일반적으로 사용되는 Expert Choice System 11.5를 이용하여 분석을 하였고, 일관성지수는 0.15로 양호하게 나타났다.

4.4. 기 출시된 무선형 서비스에 대한 비교 분석

도출된 평가지표의 중요도에 따라 통신업계 전문가들을 대상으로 무선분야의 4가지 서비스에 대한 case study를 시행하였다.

- 서비스 출시 시기별로 CT2, PCS, 셀룰러, 휴대인터넷을 선정하였고 각 서비스에 대해서 4가지 지표를 중심으로 살펴 보았다. CT2의 경우 출시 후 얼마 되지 않아서 실패 한 서비스로 알려져 있다. 셀룰러 서비스 출시 후에 저렴한 가격에 이동형 서비스를 이용하와 PCS서비스의 브리징 서비스로서의 역할을 채 해내지 못하고, 분석에 나타난 것처럼 기술에 대한 이해 수준이 상대적으로 떨어지고, 서비스의 품질이 유사서비스에 비해 턱없이 부족한 것이 원인으로 보인다

CT2의 상대적 지표는 [그림 42]와 같다.

- 서비스 제공 내용과 기본적인 기반 기술이 유사한 것으로 보이는 셀룰러와 PCS는 유사한 분석 결과를 보인다. 실제로, 가입자 규모나 서비스 품질에서도 큰 차이를 보이지 않는 것으로 알려져 있으며, 기반기술인 주파수 특성의 차이로 기술경제성이 셀룰러가 다소 앞서는 것으로 보인다.

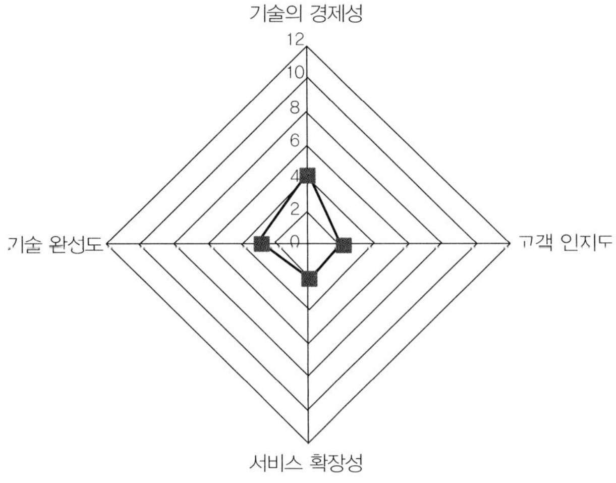

[그림 43] CT2의 상대적 지표

PCS의 상대적 지표는 다음 그림과 같다.

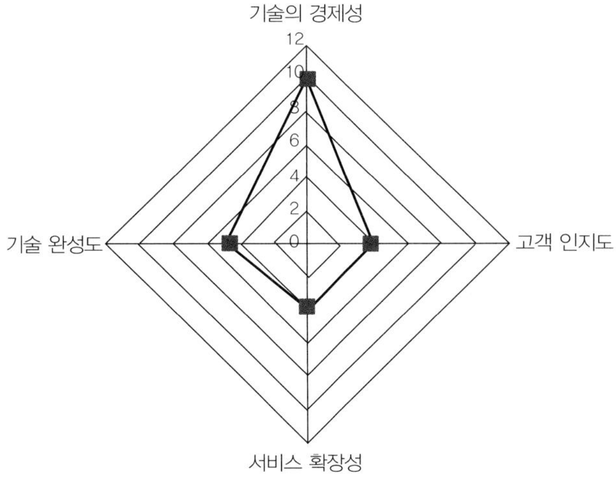

[그림 44] PCS의 상대적 지표

■ 휴대인터넷은 최근에 K통신사에 서비스개발에 성공 출시를 시작한 서비스이다. 분석결과 기술에 대한 기본 검증이 부족하고 투자비에 대한 비용요소 때문에 경제성 부분은 다소 낮고, 신기술이라는 특성상 고객인지도도 다소 떨어지는 경향으로 보인다.

셀룰러의 상대적 지표는 다음 그림과 같다.

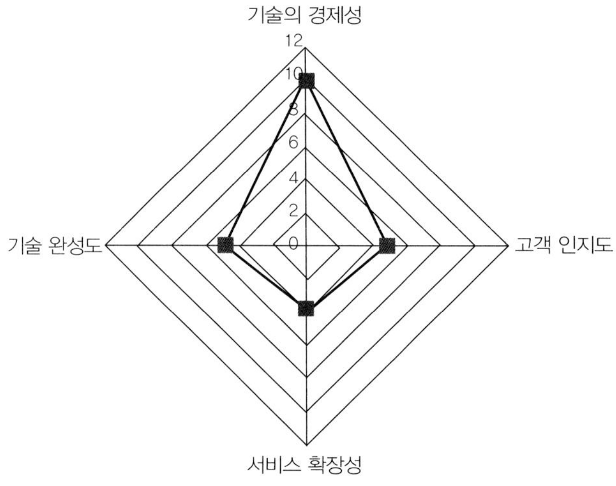

[그림 45] 셀룰러의 상대적 지표

■ 앞서 분석된 4가지 서비스를 비교해보면 공통적으로 중요시 되고 높은 평가를 받는 점은 기술의 경제성 측면으로 나타나고, 실패한 사례로 알려져 있는 CT2의 경우에는 모든 부분이 셀룰러보다 낮게 나타나고 있다. 최근에 출시된 휴대인터넷서비스도 기존 이동통신의 평가수준에는 못 미치고 있으나, 신기술이라는 점, 새로운 표준으로 자리잡아가고 있다는 점을 고려해볼 때, 신중한 마케팅 전략을 수립하면서 동시에 서비스에 대한 고객인지도를 증가시킬 수 있는 노력이 필요할 것이다.

휴대인터넷의 상대적 지표는 다음과 같다.

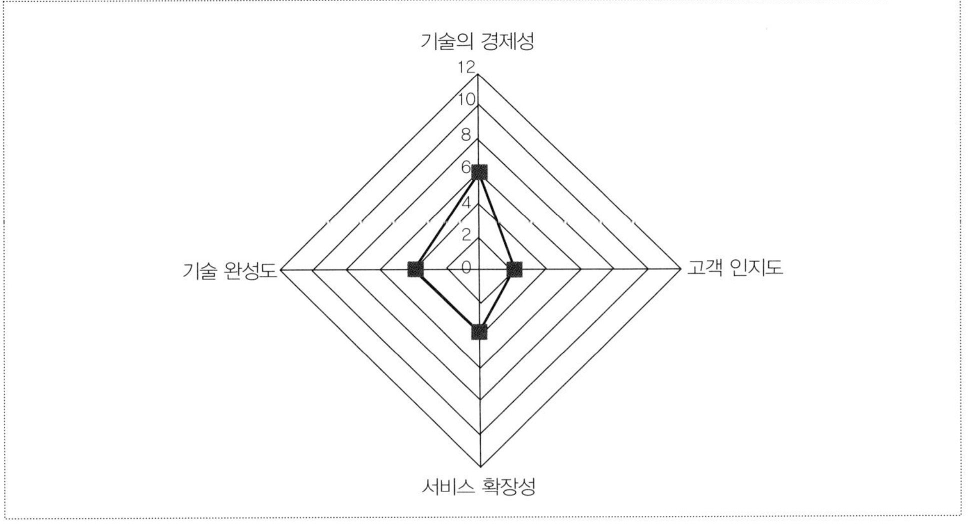

[그림 46] 휴대인터넷의 상대적 지표

이동형서비스의 상대적 평가는 다음 그림과 같다.

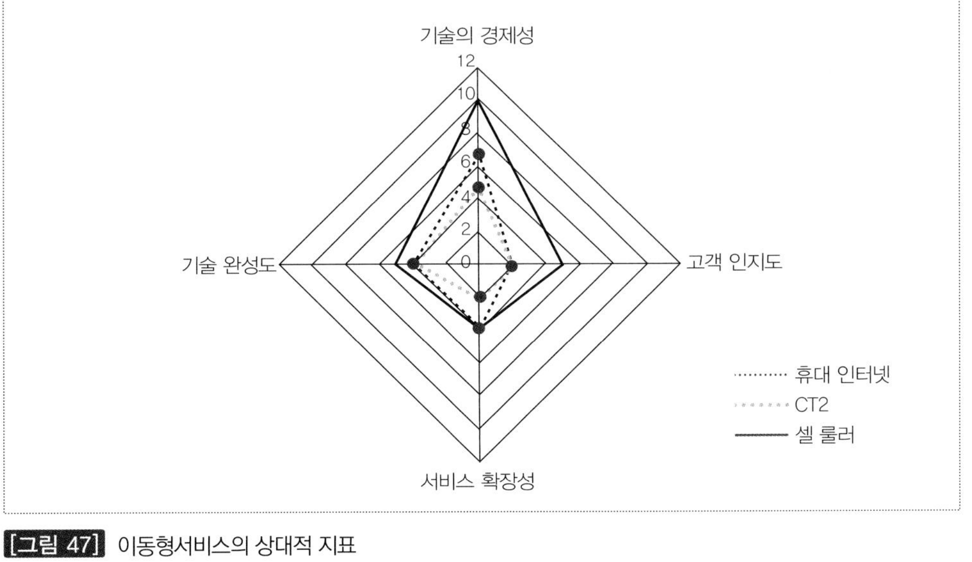

[그림 47] 이동형서비스의 상대적 지표

5. BSC와 AHP의 ASP 적용사례

5.1. ASP에 대한 소개 및 방법론

ASP는 기업 활동에 필요한 전산자원을 외부 전문기관을 통해 구축하고 이를 관리 및 운영하게 하는 신 개념의 Outsourcing Service로 중앙데이터센터(IDC: Internet Data Center)**로부터 광대역 네트워크를 통해 소프트웨어 기반 서비스 및 솔루션 등을 고객에게 제공하고 운영 및 관리해주는 서비스를 말한다**(CherryTree & Co, 1999).

- 전체 기업의 99%를 차지하는 종업원 50인 미만의 소기업은 26.6%만이 PC를 업무에 활용하고 있어 거래 주체 간 전자상거래 활동이 원활하게 진행되고 있지 못하다(한국전산원, 2005). 또한 IT 인력 및 활용 능력 부족, 효과의 불확실성, 비용 부담 등의 문제로 인해 자체적인 정보화 추진이 곤란하다.

- 소기업의 자체적인 정보화 추진을 지원하기 위해 인터넷 활용의 확대와 소기업을 위한 IT 관련 서비스 개발이 시급하다. 따라서 ASP(Application Service Provider) 방식을 도입하여, 소기업이 과도한 초기 투자비용의 부담 없이 관련된 통합 IT 서비스를 제공 받도록 한다. ASP는 부족한 IT 인력에 대한 해결책과 IT 환경에 대한 신속한 대응력 및 정보화 추진비용 절감 등의 필요성으로 인해 발전했다. 이로 인해 초창기 기업들은 자사 전산실에서 자체 개발·운영을 해오다가 외주를 주

는 SI 솔루션의 개발과 전산실 위탁운영체제가 시작됐다(라이터스, 2005). 소기업의 ASP 보급을 위해 여러 기관에서 ASP 사업을 추진하고 있다. KT, 데이콤, 하나로통신, 한국정보통신, 엘리온정보기술 5개의 컨소시엄이 ASP 플랫폼을 구축하고 솔루션을 확보하여 서비스를 진행 중에 있으며 정부는 산업계와 공동으로 홍보, 컨설팅, 교육 등 수행하고 있다. 한국 전산원은 2001년 "소기업네트워크화 사업"을 통해 18만 소기업에 대한 정보화 교육을 실시하고 51개의 소기업형 비지니스 솔루션의 개발을 지원하여 2004년에 37만 소기업에 대한 정보화를 확산하였다. 그리고 2005년 "중소기업 정보화 사업"을 통해 올해 50만 중소기업으로 ASP를 이용해 정보화 확산 및 맞춤형 정보화 기반을 조성하고, 100만 중소기업으로 정보화를 확산하여 중소기업의 경쟁력을 강화하고자 한다(한국전산원, 2005).

- 산업별, 기업 규모별 균형 있는 IT화의 추진을 위해 소기업의 ASP 사업의 현주소를 파악하고 소기업 정보화 및 침체된 국내 IT 시장의 활성화를 위한 방안이 강구될 필요가 있다. 따라서 성과 측정을 통해 소기업 ASP 산업이 지속적인 성장을 위해 중점을 두어야 할 부분을 파악하는 것이 중요하다. 성과 측정은 제품과 서비스의 계획과 관리를 향상시키는 핵심 요소들 중 하나이다(Abran et al., 2003). 전통적인 경영관리의 성과 측정의 경우, 재무적 측면 위주로 평가되어 있어 현재 조직의 전략 실행 상황을 파악하고, 앞으로의 전략 추진 방향을 제시하기에는 부족하다(Olve et al., 1999). 재무적 지표는 과거 후행지표에 불과하며, 미래에 취해야 할 적절한 지침을 제공하지 못한다. 따라서 후행지표와 선행지표, 재무지표와 비 재무지표와의 균형을 고려한 균형성과표(Balanced Scorecard, 이하 BSC)를 이용한다(Kaplan etal., 1992).

BSC를 이용하여 도출된 성과지표는 현 시점까지 진행된 사업의 성과를 객관적인 시각에서 평가할 수 있는 재무적 지표와 미래 시점에서 사업이 추구해야 할 방향을 제

시하는 비재무적 지표와의 균형을 고려하였다.

- BSC는 재무 관점, 고객 관점, 내부 프로세스 관점, 학습 및 성장 관점 네 가지로 구성되어 있다(Kaplan et al., 1992). 재무 관점은 기업의 전략 실행과 목표 달성이 순이익 개선에 기여했는지를 나타내는 지표를 도출한다. 고객 관점은 고객 및 시장을 세분화하고, Target 시장에서 기업의 성과를 측정할 수 있는 지표를 설정한다. 내부 프로세스 관점은 고객만족과 재무적 목표를 달성하기 위해 필요한 프로세스인 Innovation, Operation, Postsale Service에 초점을 두고 지표를 산출한다. 학습 및 성장 관점은 기업의 장기적인 성 장과 발전을 위해 필수적으로 구축해야 하는 기반구조를 나타낸다(Kaplan et al., 1992). 비록 BSC가 조직의 핵심 역량 측정에 초점을 두고 있을지라도, BSC의 구성요소 간 중요도는 차이가 있다.

소기업의 ASP를 평가하기 위해 도출된 BSC의 각 미션 및 핵심성공요소의 목적도 서로 다른 상대적 중요도를 가지고 있다. 따라서 상대적 중요도를 측정하기 위해 계층화 의사결정수법(Analytic Hierarchy Process, 이하 AHP)을 이용한다.

- Saaty et al.(1980)에 의해 개발된 AHP는 변수의 상대적 중요도를 측정함으로써 의사결정을 돕는 방법이다. AHP는 의사결정의 계층구조를 구성하고 있는 요소 간 쌍대비교Pairwise Comparison를 통해, 평가자의 지식과 경험 및 직관을 포착하고자 하는 의사결정 지원방법론이다. 따라서 이 연구에서는 BSC를 이용해 ASP를 평가하고, BSC의 목적별 상대적 중요도를 파악하여 소기업이 ASP사업을 추진함에 있어 주안점을 두고 고려해야 할 핵심 부분을 파악하고 사업의 성공을 위해서 선행되어야 할 부분을 도출하고 있다.

5.2. BSC를 이용한 ASP 성과지표 개발

BSC와 AHP를 이용하여 ASP의 성과지표 및 상대적 중요도를 도출하기 위한 방법은 다음 그림과 같다.

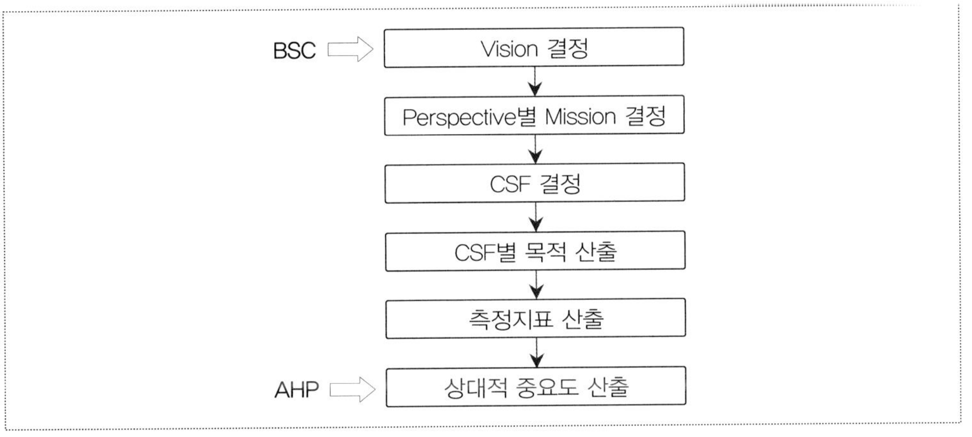

[그림 48] ASP 성과관리시스템

비전 결정

- 비전은 "현재의 기업 외부 환경 및 경쟁적 위치를 고려하였을 때, 도전 가능한 조직의 미래 역할 및 목적들의 집합"이다(Olve et al., 1999). 산업별, 기업 규모별 균형 있는 발전과 IT화의 추진을 위해서 비전을 "ASP 사업을 통한 소기업 정보화 및 IT 산업의 발전"으로 선정 하였다.

관점별 미션 결정

- BSC 관점은 사업의 특성에 맞게 변형 및 추가될 수 있다. 그러나 Kaplan et

al.(1992)이 제시한 BSC 관점을 추가 및 삭제함으로써 발생할 수 있는 BSC 관점들 간의 불균형으로 인한 오류를 줄이고 장점을 최대한 이용하기 위해, Kaplan et al.(1992)의 BSC의 4가지 재무 관점, 고객 관점, 내부 프로세스 관점, 학습 및 성장 관점을 유지하였다.

- 미션은 조직이 현재 상황으로부터 바람직한 미래를 달성하기 위한 Rule, Event와 Decision을 말한다. 미션은 본 논문에서 제시한 비전을 관점의 특성을 반영한 명확한 용어로 변형함으로써 산출된다. 각 관점의 미션은 그림과 같다.

핵심성공요소 결정

- 비전의 달성에 가장 큰 영향을 주는 것으로 간주되는 핵심성공요소를 도출한다(Olve et al., 1999). Kaplan et al.(1996)은 사업을 추진하는 경영진과의 인터뷰를 통해 핵심 성공요소를 확정하는 것을 추천한다. 그러나 각 관점별로 산출된 미션에 부합하는 핵심성공요소를 산출한다. 미션을 바탕으로 결정된 핵심성공요소는 그림과 같다. 핵심성공요소는 우리나라 소기업이 추진하고 있는 ASP 사업의 현황 분석과 여러 나라와 기업을 토대로 한 해외사례를 바탕으로 도출하였다.

재무 관점의 핵심성공요소와 도출근거

- 재무 관점에서 미션을 달성하기 위한 핵심성공요소 및 도출 근거는 다음 표와 같다.

[표 12] ASP 성과지표

핵심성공요소	도출 근거
소기업 관리비용 절감	• 현황분석 – 소기업의 업무 활용에 있어서 비용 및 시간의 절감과 업무 편의 효과 창출 • 해외 사례 – 정확한 예측시스템을 통해 유지보수 비용을 분석하여 안정적인 비용 운용 효과 획득(Edwards Lifescience)
사업 기회 창출	• 본 사업의 비전 • 해외 사례 – 중소기업의 성장 및 이익 증대를 위한 정보화 정책 (싱가포르)
고객 만족	• 현황분석 – 대부분의 가입자들이 만족하는 저렴한 가격 – 즉시 제공되는 맞춤형 서비스 • 해외 사례 – 고객의 요구에 맞는 H/W, S/W, Network 제공 (Edwards Lifescience)
체계적인 고객관리	• 현황분석 – 위치에 관계없이 제공되는 교육 및 사후 서비스 – 고객관리에 대한 정량적인 성과 측정 방법이 미비 • 해외 사례 – 체계적인 고객관리(Edwards Lifescience)
고객 지향적 서비스	• 현황분석 – 소기업 특성에 따른 차별적인 수요 미 충족 – 최소 모듈 설계를 통한 One-to-One 서비스 • 해외 사례 – 정기적인 고객의 요구사항 파악(네덜란드)
지원절차 체계화	• 현황분석 – 다양한 정부 부처에서 제공하는 중복된 정보화 지원 • 해외 사례 – 단일 기관을 통한 소기업 정보화 사업 추진(네덜란드)
소기업 협업체계 구축	• 현황분석 – 서로 다른 컨소시엄에 포함된 소기업들간의 협업 및 거래 불가능 • 해외 사례 – 소기업간 정보공유를 통한 통합 데이터베이스 구축(미국)
효과적인 교육 및 홍보	• 현황분석 – 위치에 관계없이 제공되는 교육 및 사후 지원서비스 – 대중매체에 치중된 소기업의 정보화 지식 습득경로 – 대여 문화에 익숙하지 않은 한국의 기업 문화 • 해외 사례 – 인터넷을 통한 정보 제공으로 네트워크 활성화 유도(미국) – 구체적인 실행정보 제공(영국) – 공영 및 지역 방송 매체를 활용한 홍보(오스트리아)
지속적인 서비스 개발	• 현황분석 – 공급사슬의 정보화를 추구하는 허브형 비즈니스 모델 개발 확대 – 실시간 업데이트 가능 – ASP의 특성상 사용자 관리가 용이
정부의 정책적 지원	• 현황분석 – 정보격차 해소를 위한 강한 정부의 의지 – ASP를 통해 수익성을 얻기 위해선 시간이 소요 – 소기업에 대한 지원 확대 • 오스트리아 사례 – 다양한 정보화 펀드(Fund) 조성 및 활용(오스트리아) 정보화를 위한 자문 및 중개 역할 수행(싱가포르)

핵심성공요소별 목적 산출

■ 소기업을 위한 ASP 사업을 수행하는 모든 구성원이 BSC에 대한 이해도를 높이고자 핵심성공요소에 대해 세부적인 목적을 산출한다. 핵심성공요소를 효과적으로 달성하기 위해 결정된 세부 목적은 표와 같다.

성과지표 산출

■ 각 핵심성공요소별 목적의 달성 정도를 즉각적으로 반영하는 지표들을 산출한다. 문헌조사 및 설문조사를 통해 측정된 정량적 혹은 정성적인 BSC 성과지표는 다음 표와 같다.

[표 13] ASP 관점별 성과지표

<table>
<tr><th>관점</th><th>핵심성공요소</th><th>목적</th><th>성과지표</th></tr>
<tr><td rowspan="9">재무관점
고객관점</td><td>소기업
관리비용 절감</td><td>ASP 활용으로 인한
기업의 비용 절감</td><td>• ASP 활용을 통한 비용 절감 액</td></tr>
<tr><td rowspan="2">사업기회
창출</td><td>ASP 활용을 통한 소기업의
새로운 이윤 획득</td><td>• 새로운 이윤 획득액</td></tr>
<tr><td>IT관련 시장의
활성화</td><td>• 사업자의 수익률 (수익/매출)</td></tr>
<tr><td>고객 만족</td><td>고객 만족도
향상</td><td>• 가격 만족도
• 어플리케이션 만족도</td></tr>
<tr><td rowspan="2">체계적인
고객관리</td><td>지속적인
고객 점검</td><td>• 고객과의 의사소통
• 채널 수</td></tr>
<tr><td>효과적
고객관리</td><td>• 고객 불만 처리시간
• 서비스 해지 율</td></tr>
<tr><td rowspan="2">고객 지향적
서비스</td><td>서비스의 편리
성 및 신뢰성</td><td>• ASP의 사용 편의성
• ASP의 인증 여부</td></tr>
<tr><td>소기업에게 적
합한 서비스</td><td>• 업종별 ASP Service의 종류
• 선택 가능한 ASP Service의 수</td></tr>
<tr style="display:none"></tr>
<tr><td rowspan="2">내부
프로세스
관점</td><td rowspan="2">지원절차
체계화</td><td>지원 창구
단일화</td><td>• ASP 사업 담당 기관의 수</td></tr>
<tr><td>이용 절차
간소화</td><td>• ASP Service 이용을 위한 절차의 수</td></tr>
</table>

	기업 협업체계 구축	소기업 간 연계	• 동종 업종 및 지역 간 커뮤니티에 가입한 기업 비율
		소기업 통합 데이터베이스 구축	• 통합 데이터베이스의 관리 대상 기업 수(비율)
학습 및 성장관점	효과적인 교육 및 홍보	교육의 지속성	• 교육 시간(월별) • 교육 횟수(월별)
		교육의 효과성	• 교육의 이해도
		홍보의 효과성	• 주요 매체(TV, 라디오, 신문) 홍보 비용 •기업이 인식하는 주된 홍보 매체 종류
	지속적인 서비스 개발	시속적인 BM 개발	• 개발 진행 중인 BM의 수
		지속적인 ASP Service 개발	• 개발 진행 중인 ASP Service의 수
	정부의 정책적 지원	IT 인프라 구축지원	• 정부차원의 IT 인프라 지원 비용
		금융 지원	• 금융지원에 투입된 총 비용 • 세금감면 비율
		경영 자문	• 소기업 지원을 위한 자문기관의 수 • 자문기관이 지원하는 소기업의 수

5.3. AHP를 이용한 상대적 중요도 산출

각 미션 및 핵심성공요소와 목적 간 쌍대비교를 통해 상대적 중요도를 산출하기 위해 AHP를 이용하고, 한국전산원 관계자, 컨소시엄 관계자 그리고 외부 전문가를 대상으로 설문조사를 실시하였다.

■ BSC는 기업의 전략달성에 있어서 핵심 부분을 측정하기 위한 지표를 산출해주는 도구이다(Kaplan et el., 1992). 비록 BSC가 조직의 핵심 역량 측정에 초점을 두고 있을지라도, BSC의 구성요소 간 중요도는 차이가 있다. 소기업 ASP 사업의 성과측정을 위해서 도출된 BSC 각 미션 및 핵심성공요소와 목적도 서로 다른 상대적 중요도를 가지고 있다. 따라서 BSC 구성요소의 상대적 중요도를 파악함으로써 소기업의 ASP 사업에 주안점을 두고 고려해야 할 핵심 부분을 파악하고

사업의 성공을 위해서 선행되어야 할 부분을 파악해야 한다.

- 설문조사는 임의의 150개 기업과 4개의 컨소시엄을 대상으로 실시하였다. 소기업은 ASP 사업에 대한 전체적인 지식의 부족 및 사업 이해도가 미비하다고 판단하여 본 설문조사 대상에서 제외하였다. 관점별 핵심성공요소를 성취하기 위해서 필요한 목적 별 상대적 중요도는 아래의 표와 같다. AHP는 계층적 구조를 기반으로 상대적 중요도를 산출하기 때문에, 목적별 상대적 중요도는 각 관점 및 핵심성공요소의 상대적 중요도에 영향을 받아 결정된다.

[표 14] ASP 상대적 중요도

목적	상대적 중요도
ASP 활용으로 인한 기업의 비용 절감	0.111
ASP 활용을 통한 소기업의 새로운 이윤 획득	0.179
IT관련 시장의 활성화	0.032
고객 만족도 향상	0.040
지속적인 고객 점검	0.061
효과적 고객관리	0.020
서비스의 편리성 및 신뢰성	0.021
소기업에게 적합한 서비스	0.016
지원 창구 단일화	0.022
이용 절차 간소화	0.035
소기업 간 연계	0.172
소기업 통합 데이터베이스 구축	0.050
교육의 지속성	0.007
교육의 효과성	0.026
홍보의 효과성	0.023
지속적인 BM 개발	0.051
지속적인 ASP Service 개발	0.034
IT 인프라 구축지원	0.033
금융 지원	0.058
경영 자문	0.009

AHP 결과, 가장 중요한 목적은 ASP 활용으로 인한 기업의 새로운 이윤획득임을 알 수 있다.

- 즉, ASP를 통해서 기업의 정보화 기반을 마련하고, 정보화를 통해 기존 사업부문에서 부가이익을 창출하거나 기업의 새로운 이윤획득을 도모하는 것이 가장 중요하다. 두 번째 중요한 목적은 기업 간 연계이다. 기업 간 네트워크 구축을 통해서 동종 업종이나 타 업종간의 정보와 지식을 공유함으로써 협업이 가능하도록 하는 것이 중요하다. 세 번째 중요한 목적은 ASP활용으로 인한 기업의 비용절감이다. 사업으로 기업 프로세스의 자동화 혹은 통합화를 통해 기존의 관리인력이나 제반 비용을 절감하는 것이 중요하다. 네 번째로 중요한 목적은 지속적인 고객 점검이다. 지속적으로 고객과 접촉하고 관리하여 자생적인 정보화 수준을 갖출 수 있도록 해주는 것이 중요하다

Chapter 08

ANP

ANP 기본 개념 • ANP 프로세스

1. ANP 기본 개념

AHP의 한계

- 의사결정에 기준에 되는 요인들 간의 상호작용을 고려할 수 없다. 의사결정에 영향을 주는 다양한 요인들 간의 상호작용을 포함하며 있다. 또한 의사결정 요인 간의 피드백을 고려해야 하는 종속성을 지니는 경우가 많아 계층 시스템으로 구조화하는 데에 한계가 있다. AHP는 계층의 상위 부문이 모든 하위 부문 및 각 수준의 기준과 독립적이어야 한다는 기본 가정을 갖고 있으나, 의사결정에 영향을 미치는 요인들은 독립적이지 않으며, 종속성을 포함할 수 있다.

AHP가 의사결정 요인 간의 종속성을 반영하지 못하기 때문에, ANP(Analytic Network Process)는 의사결정에 영향을 주는 요인들 간의 종속성, 피드백 과정을 표현할 수 있도록 Saaty에 의해 개발(1996)되었다.

- ANP는 AHP의 확장된 방식이다. 목표, 기준, 대안 상호간의 종속성이나 피드백을 포함한 네트워크 구조의 의사결정지원시스템으로 AHP를 확장한 새로운 방식이라 할 수 있다.

- ANP는 AHP가 갖는 한계점을 보완하여 발전시킨 기법이다. AHP는 요인들 간의 독립성을 전제로 하고 있다. 그러나 의사결정 문제에 있어 관련 요인들간 어

느 정도 상호 관련성이 있을 수밖에 없으며 이들 간의 경계를 명확히 하여 모형화하는 것도 용이하지 않다. 따라서 계층분석과정을 사용할 때에는 평가요인들 간의 독립성을 가정할 뿐 이에 대해 검정하는 경우는 거의 없다. 이러한 실용적 한계를 극복하기 위한 대안으로 제시된 것이 네트워크분석과정이다.

- ANP는 의사결정요인 상호간의 영향도를 수용함으로써 계층분석과정모형처럼 평가요인들이 상하로만 연결되는 구조화된 형태가 아니라 횡적으로도 연결되므로 네트워크 형태를 갖게 되는 모형을 기반으로 한다.
- ANP는 의사결정자가 생각하는 형태로 의사결정 요인 간의 군집들을 연결할 수 있는 전반적인 구조를 제공한다. 네트워크 구조를 바탕으로 각 의사결정요인 간에 미치는 영향정도를 쌍대비교를 이용함으로써 우선순위를 구할 수 있게 된다.

그러나 ANP는 다음과 같은 단점을 가지고 있다.

- 계층분석과정모형에 비해 복잡한 형태이므로 쌍대비교 문항이 훨씬 많아지는 단점이 있다. 의사결정 요인 간의 네트워크 구조를 가지고 있고, 이의 영향도를 판단하기 위해 많은 평가 요소간의 쌍대비교를 위한 설문문항이 기하급수적으로 늘어난다. 늘어난 설문항목은 피 설문자로 하여금 과중한 부담을 주어 신뢰성이 저하될 수 있다.
- 또한 많은 데이터 입력으로 인해 작업시간 지연 및 전산처리가 복잡하다는 단점을 지닌다.

2. ANP 프로세스

ANP는 다음의 5단계를 거쳐 진행한다.

- 의사결정 요소들 간의 관계를 표현하는 의사결정 네트워크를 작성한다.
- 각 요소들 간의 쌍대비교를 실시한다.
- 각 요소들 간의 상대적 중요도를 산출한다.
- 네트워크상의 모든 요소들을 매트릭스의 행과 열에 배치하여 각 요소의 중요도를 열column벡터로 하는 Supermatrix를 작성한다. 이때, 매트릭스 내의 각 열벡터들의 합이 1로 되어 확률적 성질을 갖도록 하기 위해 Saaty(1996)는 각 열 별로 가중치를 부여하여 합이 1이 되도록 정규화 하는 방법을 제안하였으며, Mead and Sarkis(2002)는 각 열의 합으로 열을 구성하는 요소들의 상대적 중요도를 나누어 줌으로써 각 열의 확률적 성질을 유지시키는 방법을 사용하였다.
- Supermatrix를 무한자승하여 안정화(수렴)된 중요도를 산출한다. ANP 모형은 간단한 네트워크 또는 다수의 네트워크 구조로 구성될 수도 있다. Saaty(1999)는 ANP 모형에 대하여, 햄버거 모형, 자동차 구매 손익분석 모형, 그리고 국가 미사일 방어 모형과 같은 여러 가지 유형을 제시한 바 있다. Saaty(1999)가 제시한 다양한 ANP 모형은 피드백 시스템 모형과 단일의 네트워크 시스템과 같이 순차적으로 하나씩 연결된 평가집단과 같은 두 가지 유형으로 구별될 수 있다. 이

러한 ANP 모형은 특히 위험요소와 불확실성이 수반될 때, 인간사회 내에서 상호작용의 복잡한 영향을 효과적으로 획득할 수 있다.

Chapter 09

BSC와 ANP의 연계

관점 및 핵심성공요소 간의 네트워크 구조 • BSC와 ANP

1. 관점 및 핵심성공요소 간의 네트워크 구조

BSC를 구성하는 관점과 핵심성공요소 사이에 연관관계, 즉 네트워크 구조가 존재한다. 따라서 이를 도식화한 그림은 다음과 같다.

- BSC의 인과관계 다이어그램을 토대로 네트워크 구조를 작성할 수 있다. BSC 프로세스의 필수요소인 인과관계 다이어그램을 작성함으로써, 이들 간의 자원 집중도를 높일 수 있다. 뿐만 아니라 서로 영향도를 주는 네트워크 구조를 작성함으로써 ANP의 기반이 되는 모델을 작성할 수 있다.

- 인과관계 다이어그램을 분석해보는 인과관계 다이어그램에 주로 사용되는 요인들은 관점과 핵심성공요소들이다. 이들 간의 상관관계, 영향도 분석이 핵심을 이루고 있는 것이다. 의사결정요인인 핵심성공요소 간 영향도 분석과 관점 간 영향도 분석을 통해 ANP를 달성할 수 있다. 따라서 ANP의 기반인 네트워크 구조는 BSC의 인과관계 다이어그램을 기반으로 작성된다.

- 비전은 단일화되어 있기 때문에 인과관계가 존재하지 않는다. 또한 성과지표는 다양하게 산출되기 때문에 이들 간의 네트워크 구조도를 작성할 경우 너무 많은 설문문항이 산출될 수 있다. 너무 많은 설문조사 문항은 설문조사의 신뢰도를 떨어뜨릴 수 있고, 데이터 입력의 제한을 야기한다. 따라서 성과지표 간의 상관관계, 즉 네트워크 구조는 고려하지 않는 것이 바람직하다.

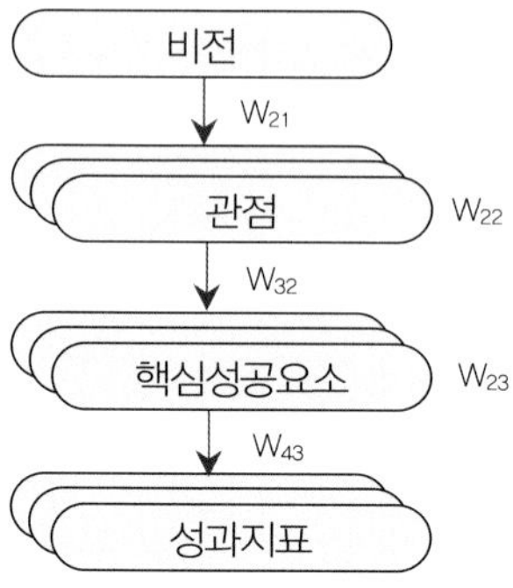

[그림 49] 관점 인과관계

도식화된 네트워크 구조를 토대로 작성된 Super Matrix를 다음과 같다. 네트워크 구조상에서 영향을 주고받는 관점과 핵심성공요소 간의 inner dependence matrix를 추가하여 작성된다.

■ 작성된 super matrix를 무한멱승함으로써 ANP의 결과값을 산출할 수 있다.

	비전	관점	핵심성공요소	성과지표
비전	0	0	0	0
관점	W_{21}	W_{22}	0	0
핵심성공요소	0	W_{32}	W_{33}	0
성과지표	0	0	W_{43}	1

2. BSC와 ANP

관점 2 내에 다음 그림과 같이 관점과 핵심성공요소 간 네트워크 구조가 형성되어 있다고 가정해보자.

- 관점이 독립적으로 존재하는 것이 아니라, 관점 간 영향을 미치고 있으며, 네트워크 구조를 형성하고 있다고 가정하고 있다. 네트워크 구조에서 화살표는 영향을 미친다는 것을 의미한다. 만약 관점 2와 관점 1 사이에 화살표가 존재한다면, 관점 2의 달성도가 관점 1의 달성도에 영향을 준다는 것이다. 즉 관점 2가 관점 1에 영향을 미치며, 관점 3은 관점 2에, 관점 4는 관점 3에, 마지막으로 관점 4는 관점 2, 관점 3은 관점 1에 영향을 미치고 있다.

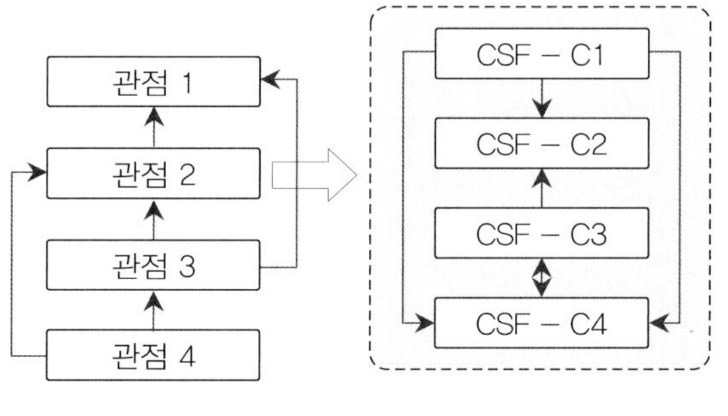

[그림 50] 관점 및 핵심성공요소 인과관계

■ 핵심성공요소 또한 네트워크 구조를 가지고 있다. CSF-C1은 CSF-C2에, CSF-C2는 CSF-C3에, CSF-C3와 CSF-C4는 상호작용하고 있으며, CSF-C1과 CSF-C3 또한 상호작용하고 있다.

이 때, 작성되는 관점의 inner dependence matrix를 다음과 같다.

■ 각 관점의 상대적 중요도와 더불어 영향도를 고려하기 위한 matrix를 super matrix에 존재하고 있다는 것을 알 수 있다.

$$
I_p = \begin{array}{r} \\ Financial \\ Customer \\ Internal\ Process \\ Learnign \end{array}
\begin{array}{cccc} Financial & Customer & Internal\ Process & Learnign \\ \end{array}
$$

$I_p =$	Financial	Customer	Internal Process	Learnign
Financial	1	0	0	0
Customer	W_{21}	1	0	0
Internal Process	W_{31}	W_{32}	1	0
Learnign	0	W_{42}	W_{43}	1

이 때, 작성되는 핵심성공요소의 inner dependence matrix를 다음과 같다.

■ 핵심성공요소에 따라 영향을 주는 dependence가 표시되고 있음을 알 수 있다.

$I_{C1} =$	CSF-C1	CSF-C2	CSF-C3	CSF-C4
CSF-C1	1	W_{12}	W_{13}	0
CSF-C2	0	1	0	0
CSF-C3	W_{31}	W_{32}	1	W_{34}
CSF-C4	0	0	W_{43}	1

관점 내부 네트워크 구조를 고려하여 산출되는 관점 별 상대적 중요도는 다음과 같다.

$$W_{p'} = I_p \times W_p \qquad W_{prl} = \frac{W_{p'i}}{\sum W_{p'i}}$$

- $W_{pi}{}'$: I 번째 관점의 상대적 중요도 행렬
- W_p' : 네트워크 구조를 고려한 I 번째 관점의 상대적 중요도 행렬
- I_p: inner dependence matrix
- $W_{pn}{}'$: 관점 간 상대적 중요도(AHP의 결과)

관점 내부 네트워크 구조를 고려하여 산출되는 핵심성공요소 별 상대적 중요도는 다음과 같다.

$$W_{i'} = W_i \times I_i \qquad W_{ni} = \frac{W_{i'}}{\sum W_{i'}} \qquad W_{ci} = W_{pi} \times W_{ni}$$

- W_i: I 번째 관점의 핵심성공요소 상대적 중요도 행렬
- W_{ci}: i번째 관점의 상대적 중요도를 고려한 I 번째 관점의 핵심성공요소 상대적 중요도 행렬
- I_i: I 번째 관점의 핵심성공요소 inner dependence matrix
- W_{ni}: 정규화 된 I 번째 관점의 핵심성공요소 상대적 중요도 행렬

성과지표의 상대적 중요도는 다음과 같이 산출된다.

$$W_{ijk} = \frac{W_{cij}}{\sum K}$$

- W_{ijk}: i번째 관점의 j번째 핵심성공요소의 K번째 성과지표의 상대적 중요도
- $\sum K$: j번째 핵심성공요소에 포함되는 성과지표의 수

Chapter 10

BSC와 ANP 연계사례
_ POSCO 지식경영

POSCO의 CoP 운영 현황 • BSC 성과지표 • ANP 분석

1. POSCO의 CoP 운영현황 _ POSCO 지식경영

POSCO의 지식경영 활동은 글로벌 우량기업 구현을 위한 포스코형 혁신활동(PSSM)의 핵심 Infra이며, 지식기반의 일, 학습, 개선활동 추진을 통한 경영성과 창출의 시너지 효과 극대화 도구로 사용되고 있다.

- 이를 위해 학습동아리 단위의 혁신활동(6시그마,QSS), 일-혁신-학습활동의 일체화 추진, 지식기반의 혁신활동 문화 정착 활동을 하고 있다. 또한 통합 지식관리시스템(KMS) 운영과 학습동아리 지원 시스템, 디지털 라이브러리 운영 등을 통해 지식활동을 하는데 시스템을 제공하고 있다. 이러한 활동과 시스템을 원활히 유지시켜주기 위해 지식 전담조직 및 지식전문가 제도 운영, 조직지식 창출 지원 등 평가·보상제도, 경영전략과 연계된 전략적 지식경영활동 지원 등 다양한 운영 지원 제도를 바탕으로 이러한 지식 활동이 포스코형 혁신활동으로 연계될 수 있도록 하고 있다.

포스코의 지식경영 활동은 크게 세 단계로 분류할 수 있다.

- 지식경영의 도입 1기(1999~2002년)에는 PI(Process Innovation)를 도입하여 디지털 경영정보 통합 시스템 완성을 위하여 KMS를 구축하여 프로세스의 및 시스템의 혁신을 가져오게 되었다. 강력한 시스템 구축을 기반으로 하여 2기(2003~2005년)에는 6시그마가 도입되면서 회사 전체에 지식공유 문화 확산과 학습/노하우 중심 지

식경영 활동을 활발히 전개해나가기 시작했다. 3기(2006~2008년)에는 이러한 프로세스 및 시스템과 문화 혁신을 기반으로 하여 POSCO형 6시그마 체질화를 일-학습-혁신활동 연계와 학습동아리(CoP)중심의 지식 창출 과정을 통하여 포스코형 혁신을 더욱 구체화하였다. 이러한 지식경영의 인프라는 글로벌 POSCO로 발전하는 데 중요한 밑거름이 되고 있다.

- POSCO에 도입된 6시그마는 전사에 걸쳐 프로세스 개선을 통하여 재무적 성과와 새로운 가치를 창출하는 등 매우 큰 영향을 끼쳐 도입에는 성공 하였으나 활동 자체가 전문적인 요소가 많고 절차가 복잡하여 전원이 참여하기 어렵고 산발적인 문제 중심의 해결로 전체 프로세스에 대한 개선이 미흡했으며, 참여하지 않는 구성원들의 무관심으로 인하여 변화관리에는 충분치 않은 등 체질화에는 미흡했다. 이에 따라 6시그마의 절차에 따라 문제를 해결하는 방식에서 낭비를 발굴하고 현장을 개선하는 Mindset에 의한 일하는 중심의 개선인 QSS활동을 함께 수행하도록 하였다. 이로써 대형 과제들은 기존의 6시그마에 의해서 프로세스 개선을 진행시키고 6시그마 과제가 담당하지 못하는 작은 부분들을 현장에서 발견하여 간단명료한 QSS 방식을 이용하여 처리하여 전체 프로세스의 개선을 이루어낼 수 있도록 하였다.

POSCO CoP 도입배경 및 추진현황

- POSCO는 혁신활동 체질화를 위한 전원 참여의 업무-혁신-학습 연계활동 인프라를 구축하고, 경영전략 목표 달성 위한 회사 핵심지식 창출 및 자산화가 필요하였으며, 퇴직예정/신입/전입 사원의 인적 네트워크 구축 지원을 통한 노하우, 경험지식 공유 활성화를 위해 학습동아리를 도입하게 되었다. 기존에는 기술부회/Mappers, 자주관리/SSC, 취미 동호회 등의 다양한 오프라인에서 활동하는 모임으로 존재하다가 2004년 7월부터 본격적으로 학습동아리를 도입하기

시작하였다. 역량강화, 평생학습, 종합지식, 정보교류 등의 역할을 담당하는 기능을 갖는 학습동아리가 생겨났으며 구성원의 자발적인 참여와 관심으로 점차 활성화되고 있었다. 이러한 도중 2005년 12월에는 역량강화와 평생학습을 담당하는 학습동아리를 통폐합하여 직무학습동아리로 개편하여 공식적인 활동이 시작되었으며, 종합지식과 정보교류 활동은 기존의 비공식성을 유지한 채 KM 동아리로 발전하였다. 2007년 5월부터는 직무학습동아리와 KM동아리를 모두 학습동아리로 승격시켜 회사의 혁신활동을 위한 중요한 인프라로서 공식적인 활동을 인정하게 되었다. 초기에 관심영역 위주의 비공식적인 동호회형 학습동아리는 업무 중심으로 공식적 활동과 비공식적 활동이 혼재된 직무학습동아리로 발전하였고 현재는 성과 창출과 혁신활동의 주체인 공식적인 전략적 학습동아리로 발전하게 되었다. 이로써 학습동아리에서 다루어지는 지식의 성숙도도 향상되었다.

POSCO CoP 정의 및 특성

- POSCO의 학습동아리는 회사의 전통적인 자주관리 활동의 인간존중 및 참여정신에 6시그마의 과학적 방법론과 IT 인프라를 일체화시켜, 끊임없이 개선활동을 추진하는 포스코 고유의 현대적 의미로 진화된 자주관리 활동이라고 할 수 있다. 회사의 창립 초기부터 내려온 자주관리 분임조에서 인간적인 존중과 상호신뢰를 바탕으로 하여 스스로 업무에 참여하고 이를 통한 즐거움과 보람을 추구하게 하는 전통이었다. 이러한 전통 하에서 2002년부터 도입된 6시그마를 통한 과학적이고 합리적인 문제해결능력을 길러왔으며, 전사에 걸쳐 낭비를 줄여 프로세스를 개선하는 노력을 끊임없이 지속해오고 있다. 이와 함께 직무학습 및 KM 동아리를 통하여 구성원 상호간의 대화와 토론이 IT 인프라를 이용하여 시간과 공간을 초월하여 이루어지고 있으며 이러한 활동은 핵심역량을 개발하고 업무에 필요한 지식의 습득, 공유, 창출할 수 있도록 해주었다. 이러한 인간적인

관계 및 정신, 합리적 방법, IT 인프라를 통하여 현재는 24시간 시간과 공간을 넘나드는 학습과 혁신이 국내외에서 지속적으로 이루어지고 있으며, 실질적인 상호 유대관계를 통해 직무역량의 강화로 이루어지고 있다. 또한 이러한 활동 성과는 개인이나 소규모 집단에 그치는 것이 아니라 전사에 걸쳐 전파되는 문화를 형성하고 있다.

POSCO CoP 운영 형태

- POSCO에서는 2004년 7월 학습동아리가 시작된 이래로 2006년 말에는 2988개의 학습동아리가 존재하기도 하였으나 실질적인 활동을 하는 학습동아리들로 정제를 한 결과 2007년 12월 기준으로 총 1653개의 학습동아리가 운영되고 있으며, 이 학습동아리들은 1398개의 조직단위 학습동아리, 173개의 Cross Functional 학습동아리, 그리고 82개의 비공식 학습동아리가 있다. 참여인원은 89000여명으로 구성원 일인당 5.1개의 학습동아리에 가입하여 활동하고 있으며 이 수치는 국내의 학습동아리 활동의 우수사례인 SK수준을 능가하고 있다. 이러한 학습동아리는 크게 직무학습동아리, 종합지식동아리, 정보공유동아리, 작업표준동아리 등으로 나누어 볼 수 있다.

- 직무학습동아리는 주로 직무역량 향상을 위한 활동과 상하간, 동료간 커뮤니케이션 활성화 활동을 하고 있다. 직무학습동아리의 추진 절차는 부서장이나 학습동아리 리더가 주체가 되어 학습동아리를 구성을 하여 학습동아리 리더는 직무역량의 분석과 목표 설정을 하게 된다. 이러한 역량 분석과 목표를 바탕으로 하여 학습테마를 선정하고 학습의 클래스를 구성하게 된다. 이렇게 구성된 학습동아리를 통하여 구성원들은 직무에 대해 학습하는 활동이 이루어지며 활동의 성과는 부서장을 통해 이루어지게 된다. 이러한 학습동아리 활동은 온라인을 기반으로 이루어지지만 오프라인의 활동과 병행되어 평생학습을 위해 활용되기도 한다.

■ 종합지식동아리는 회사의 산재되어있는 지식들을 종합하여 지식자산화 시키는 활동을 하고 있다. 현장에서는 수많은 성공과 실패 사례를 통하여 얻어진 경험들과 관련기술, 참고문헌 등의 자료와 해당 전문가들의 노하우 등을 종합하여 종합지식화하게 된다. 이런 종합지식은 지식을 사용하고자 하는 구성원이 산재되어있는 지식을 일일이 습득하지 않고 한번에 활용할 수 있도록 해준다. 이러한 조직지식의 창출을 위한 품질유지를 위해 작성된 종합지식은 해당 부서에서 1차 평가를 거쳐서 다섯 등급으로 평가를 하게 된다. 이들 중 높은 등급이 매겨진 종합지식은 특허전담자의 검토를 통해 특허를 발굴하여 회사의 자산으로 만든다. 1차 평가에 통과한 종합지식은 지식경영담당 그룹리더를 위원장으로 한 현업 및 전문부서 직책자 중심으로 구성된 종합지식 평가위원회에서 최종 평가를 하게 된다. 이중 최상위등급 종합지식은 임원표창의 보상을 하게 되고 기타 등급의 종합지식은 지식마일리지 보상을 제공한다.

■ 정보교류동아리는 자발적인 모임을 통한 업무노하우 전수와 전문지식 공유 및 인적 네트워크 형성의 활동을 하고 있다. 정보교류동아리의 추진 절차는 부서장이나 학습동아리 리더가 테마를 선정하여 학습동아리 리더를 중심으로 학습동아리를 구성하게 된다. 구성원들은 테마에 따라 본인의 관심사에 따라 자유롭게 활동하게 되며 학습동아리 리더를 중심으로 학습활동을 진행해간다. 학습동아리의 성과는 부서장에 의해 평가된다.

■ 작업표준동아리는 작업 현장에서 이벤트 발생 시 재/개정 추진과 재/개정된 작업표준 공유의 미흡 등 작업표준의 개선 및 공유 생활화 미흡의 문제를 개선하기 위한 활동을 진행한다. 토론이나 윤독회를 통하여 작업표준의 개정안을 작성하고 조직단위별 확인을 통하여 공유 현황을 파악하게 된다. 이러한 활동을 통해 우수표준을 만들어가는 동아리는 우수표준으로 보상을 실시하게 되어 작업표준 공유 활성화 제도 수립을 위한 활동을 전개한다.

2. BSC 성과지표

BSC를 기반으로 도출된 관점 및 핵심성공요소, 성과지표는 다음과 같다.

- CoP의 활동이 지식경영에 기반을 두고 있기 때문에, 관점이 지식창출, 지식공유, CoP 프로세스와 조직문화로 변경되어 구축되어 있다. 각 관점 별 핵심성공요소와 성과지표를 도출하였다. 핵심성공요소는 CoP의 구분과 핵심성공요소 도출방법론을 토대로 도출되었으며, 성과지표는 관련문헌연구를 통해 핵심성공요소와 직적접적으로 연계되어있는 것을 산출하였다.

[표 15] POSCO 성과지표

관점	핵심성공요소	성과지표
Knowledge creation	Developing advanced standardized processes	• Number of advanced standardized process in KMS per a month • Number of process innovation suggested by CoP member per a month
	Creating innovative knowledge	• Number of innovative knowledge in knowledge base • Satisfaction level about innovative knowledge registered in KMS
	Developing best practices	• Number of best practices in knowledge base • Satisfaction level of best practice
Knowledge sharing	Exchanging tacit knowledge in off-line meeting	• Number of off-line meeting per a month • Satisfaction Level of knowledge sharing in off-line meeting
	Managing a mentorship program	• Level of knowledge sharing between beginner and senior manager • Number of beginner /Number of senior manger in

		CoP • Level of improving individual capacity
	Utilizing systematic communication systems	• Average number of login in on–line CoP per a week • Average hours to on–line CoP per a week
CoP Process	Defining the domain and identifying issues	• Clearness level of the primary purpose of CoP • Number of members
	Building regular contacting (1–1 or in community events)	• Average number of event per a year • A mount of money for supporting activities of CoP
	Developing new leadership	• Number of member that recruited to CoP
	Utilizing outside expert	• Number of outside expert • Number of meeting outside experts • Cost of systematic support for outside communication
Organizational culture	Strengthening CEO will for cultivating CoP	• A mount of money for incentive • Engagement level of senior managers
	Constructing learning organization	• Satisfaction level of facilitator • Trust level about another member in CoP • Motivation index
	Strategic support of IT	• Supporting level of on–line system • Satisfaction level about communication tool and KMS
	Performance evaluation	• Level of reflecting activities of CoP in performance evaluation

3. ANP 분석

AHP를 이용하여 산출된 관점별 상대적 중요도는 다음과 같다.

■ 세 명의 피조사자를 상대로 설문조사를 진행하였으며, 결과값의 기하평균을 산출하여 상대적 중요도를 도출하였다.

[표 16] POSCO 관점의 상대적 중요도

관점	A respondent의 상대적 중요도	B respondent의 상대적 중요도	C respondent의 상대적 중요도	기하평균
Inconsistency Ratio	0.07	0.14	0.19	
Knowledge Creation	0.477	0.172	0.19	0.2498
Knowledge Sharing	0.279	0.407	0.19	0.2783
CoP Process	0.144	0.192	0.509	0.2414
Organizational Culture	0.099	0.229	0.111	0.1360

관점 내의 인과관계 다이어그램은 다음과 같다.

■ 조직문화와 지식공유, CoP 프로세스는 지식창출에 영향을 주고 있으며, 지식공유와 지식창출은 상호작용을 하는 것으로 밝혀졌다. 조직문화는 모든 관점에 영향을 주고 있다. 도식화된 그림은 다음과 같다.

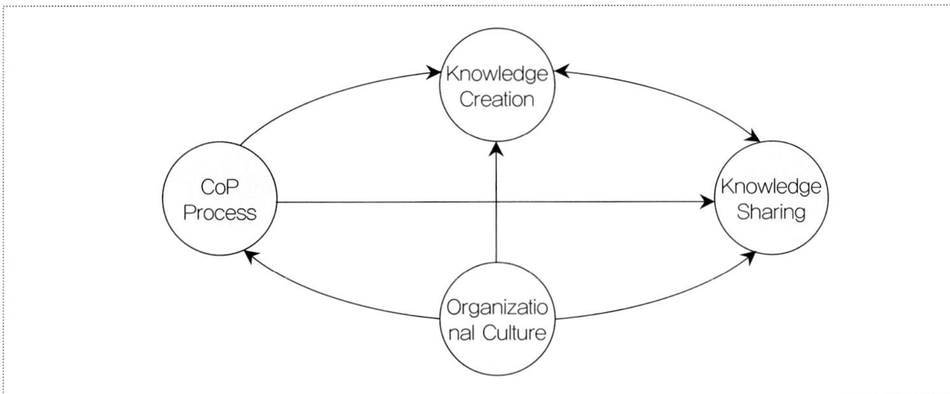

[그림 51] POSCO 관점 인과관계

지식창출에 영향을 주는 inner dependence matrix를 다음과 같다.

■ 지식창출에 영향을 주는 지식공유, CoP 프로세스, 조직문화 간의 inner dependence matrix를 다음과 같다. 영향도를 쌍대비교를 통해 산출하였다.

[표 17] POSCO 관점의 inner dependence matrix

	A respondent의 상대적 중요도	B respondent의 상대적 중요도	C respondent의 상대적 중요도	기하평균	정규화 된 상대적 중요도
Knowledge Sharing	0.46	0.523	0.333	0.4310	0.4378
CoP process	0.319	0.284	0.333	0.3113	0.3162
Organizational Culture	0.221	0.193	0.333	0.2421	0.250

관점 별 inner dependence를 고려한 상대적 중요도는 다음 식에 의해 산출된다.

■ inner dependence matrix에 AHP를 기반으로 산출된 상대적 중요도 Matrix를 곱하여 산출한다.

$$W_{P'} = \frac{W_{pi}}{\sum W_{Pi}} = \begin{bmatrix} 0.2061 \\ 0.2315 \\ 0.2498 \\ 0.3126 \end{bmatrix}$$

- 산출된 행렬의 값이 1을 초과하거나 미달할 수 있기 때문에 다음의 식을 이용하여 정규화 하였다.

$$W_{P'} = I_p \times W_p = \begin{bmatrix} 1 & 0.3432 & 0 & 0 \\ 0.3478 & 1 & 0 & 0 \\ 0.3162 & 0.3524 & 1 & 0 \\ 0.2560 & 0.3044 & 1 & 1 \end{bmatrix} \times \begin{bmatrix} 0.2498 \\ 0.2783 \\ 0.2414 \\ 0.1360 \end{bmatrix} \times \begin{bmatrix} 0.3453 \\ 0.3878 \\ 0.4185 \\ 0.5236 \end{bmatrix}$$

지식창출 관점의 핵심성공요소는 다음의 네트워크 구조를 가지고 있다.

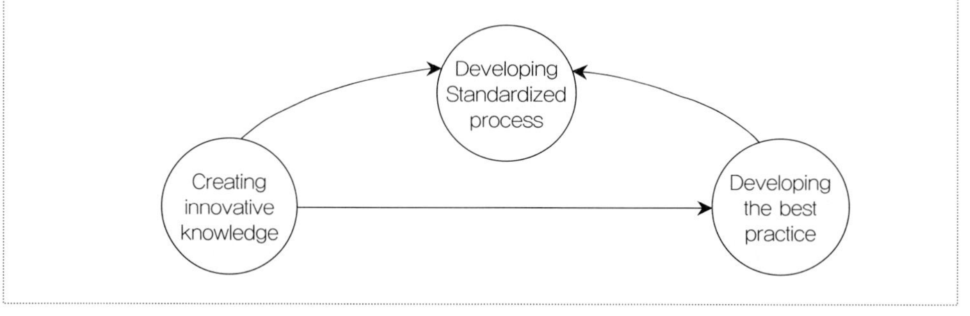

[그림 52] POSCO 핵심성공요소 인과관계

네트워크 구조에 따라, 도출된 inner dependence matrix를 다음과 같다.

- 표준화된 프로세스 개발에 영향을 주는 핵심성공요소는 혁신적 지식 창출, best practice 개발의 두 가지 핵심성공요소이다. 두 핵심성공요소의 영향도를 쌍대비교를 기반으로 도출된 행렬은 다음과 같다.

■ 세 명의 피조사자의 결과값을 기하평균하여 사용하였다. 기하평균 값의 합이 1이 되지 않기 때문에 정규화 과정을 거치게 된다.

[표 18] POSCO 핵심성공요소의 inner dependence matrix

	A respondent의 상대적 중요도	B respondent의 상대적 중요도	C respondent의 상대적 중요도	기하평균	정규화 된 상대적 중요도
Creating innovative knowledge	0.333	0.25	0.75	0.3967	0.4425
Developing the best practice	0.666	0.75	0.25	0.4998	0.5575

네트워크 구조를 고려한 상대적 중요도는 다음의 식에 의해 산출된다.

$$W_{1'} = I_1 \times W_1 = \begin{bmatrix} 1 & 0 & 0 \\ 0.4425 & 1 & 0 \\ 0.5575 & 1 & 0 \end{bmatrix} \times \begin{bmatrix} 0.0523 \\ 0.0704 \\ 0.0600 \end{bmatrix} = \begin{bmatrix} 0.0524 \\ 0.0936 \\ 0.1600 \end{bmatrix}$$

■ Inner dependence matrix에 핵심성공요소 상대적 중요도 행렬을 곱하여 네트워크 구조를 고려한 상대적 중요도 행렬을 산출한다.

$$W_{N1} = \frac{W_{1'}}{\sum W_{1'}} = \begin{bmatrix} 0.714 \\ 0.3062 \\ 0.5223 \end{bmatrix}$$

■ 핵심성공요소 행렬 값의 합이 1을 초과하거나 미만일 수 있기 때문에 정규화 과정을 거친다.

$$W_{C1} = W_1 \times W_{N1} = 0.2061 \times \begin{bmatrix} 0.1714 \\ 0.3062 \\ 0.5223 \end{bmatrix} = \begin{bmatrix} 0.0353 \\ 0.0631 \\ 0.1077 \end{bmatrix}$$

■ 지식창출관점의 상대적 중요도를 핵심성공요소 행렬에 곱하여 관점의 상대적 중요도를 고려한 핵심성공요소의 상대적 중요도를 산출한다.

ANP 기반으로 산출된 핵심성공요소의 상대적 중요도는 다음과 같다.

$$W_{111} = \frac{0.1714}{2} = 0.0857$$

[표 19] POSCO 핵심성공요소의 상대적 중요도

핵심성공요소	A respondent의 상대적 중요도	B respondent의 상대적 중요도	C respondent의 상대적 중요도	기하평균
Developing advanced standardized processes	0.09	0.034	0.047	0.0523
Creating innovative knowledge	0.032	0.102	0.107	0.0704
Developing best practices	0.318	0.034	0.02	0.0600
Exchanging tacit knowledge in off-line meeting	0.186	0.036	0.021	0.0520
Utilizing systematic communication systems	0.021	0.081	0.021	0.0329
Managing a mentorship program	0.048	0.242	0.107	0.1075
Defining the domain and identifying issues	0.096	0.022	0.128	0.0646
Building regular contacting (1-1 or in community events)	0.065	0.01	0.286	0.0570
Developing new leadership	0.011	0.045	0.049	0.0289
Utilizing outside expert	0.02	0.114	0.049	0.0481
Strengthening CEO will for cultivating CoP	0.066	0.032	0.026	0.0380
Constructing learning organization	0.014	0.136	0.013	0.0291
Strategic support of IT	0.005	0.098	0.063	0.0313
Performance evaluation	0.028	0.014	0.063	0.0291

참고문헌

1. 권순동·안중호·양희동(2003). "디지털경영의 현재와 미래: ASP 방식의 ERP 도입 및 성과에 관한 사례연구(중소제조업체를 중심으로)," 한국경영정보학회, pp.433-441.

2. 김상훈 (2004). 하이테크마케팅, 박영사

3. 권기대·이동철(2002). "이동통신서비스의 상품력, 서비스품질, 고객만족모형", 상품학연구 제25호

4. 라이터스(2005). "전통기업의 정보화와 ASP 프로그램," 라이터스 편집부.

5. 안중호·권순동·오상조·서진영(2002). "정보기술응용사례(1): 중소기업의 ASP 도입 과정 및 성과에 관한 연구: 인지컨트롤사의 사례," 한국경영정보학회, pp.701-710.

6. 안혜숙·조재균·염봉진(1999). "통신에 있어서 서비스 품질평가방법에 대한 고찰", IE Interface, 제12권, 제4호

7. 안재현·권재원·김명수·이동주·이상윤·한상필(2001). "CUP 챠트를 이용한 통신 서비스 실패 원인 분석", 한국경영과학회/대한산업공학회 춘계공동학술대회, 관동대학교 양양캠퍼스.

8. 안재현·권재원·김명수·이동주·이상윤·한상필(2000). "정보통신 서비스의 실패 요인: 한국의 텔레콤 서비스시장에서의 실패사례연구 ", 한국경영화학회지 27.

9. 이광현 (2000). "21세기 기업생존전략," 석정.

10. 조성백·한인구(2002). "AHP를 이용한 신규사업과제의 평가모형 개발 및 통신장비회사의 사례연구", 한국경영과학회지 제27권 제1호.

11. 정통부. 유무선가입자현황(5월), 2007.6.

12. 한상필·안재현·이동주(2006). "서비스 사용경험과 가입매체의 정보전달 풍부성이 하이테크 서비스에 대한 가입자의 초기이탈에 미치는 영향", 한국경영과학회 2006년 추계학술대회 논문집, 11, pp.93-103.

13. 함주호·최장원·송명섭·주우진·윤재욱·박한춘(1996). "통신시장의 고객만족도 평가관리시스템 구축에 관한 연구" 한국경영과학회 1996년 학술대회논문집 제1권.

14. 홍종의·이윤미·서의호(2006). "ASP 서비스의 전략개발방법론에 관한 연구: 기업 네트워크화 사례", 경영정보학연구 제16권 제3호.

15. 홍종의·서의호·유기동(2003). "ASP Service의 효용성을 측정하기 위한 평가지표 개발에 관한 연구," 한국경영정보학회, pp.480-487.

16. 한국전산원(2005). "2005년도 중소기업 정보화 사업계획."

17. KT경영연구소. "통신사업자의 융합 서비스전략", 2007 IT 산업전망 컨퍼런스, 2006. 11.

18. KT. "KT의 컨버전스 서비스 진화 전략", High-Spped network workshop, 2007.2.

19. SKT. "SKT의 컨버전스 서비스 진화 전략", High-Spped network workshop, 2007.2.

20. Abran, A., and Buglione, L(2003). "A multidimensional performance model for consolidating Balanced Scorecards," Advances in Engineering Software, Vol. 34, pp.339-349.

21. Barab, S. A., Barnett, M., & Squire, K(2002). Developing an empirical account of a community of practice: characterizing the essential tensions, Journal of the Learning Sciences, 11(4), 489-542.

22. Berrah, L., Mauris, G. & Montmain, J.(2008). Monitoring the improvement of an overall industrial performance based on a Choquet integral aggregation, Omega, 36, pp.340-351.

23. Bourguignon, M. J. B. & Massart, D. L.,(1996). Application of Derringer's desirability

function for the selection of optimum separation conditions in capillary zone electrophoresis, Journal of Chromatography, 740(1), pp.109-117.

24. Brown, J.S and Duguid, p.(1991). Organizational Learning and Communities of Practice: Towards a Unified View of Working, Learning and Organization, Organization Science, 2(1), pp.40-57.

25. Buglione, L., & Abran, A.(2002). QEST nD: n-dimensional extension and generalization of a software performance measurement model, Advances in Engineering Software, 33(1), pp.1-7.

26. Cherry Tree & Co. (1999). "Application service providers," Spotlight Report.

27. Chu and Choi, T.(2000). An importance.performance analysis of hotel selection factors in the Hong Kong hotel industry: A comparison of business and leisure travelers, Tourism Management, 21(4), pp.363, 377.

28. Chu, M. T., Shyu, J. Z., Tzeng, G. H., & Khosla, R.(2007a). Using non additive fuzzy integral to assess performance of organization transformation via communities of practice, IEEE Transactions on Engineering Management, 54(2), p.1, 13.

29. Chu, M. T., Shyu, J. Z., Tzeng, G. H., & Khosla, R.(2007b). Comparison among three analytical methods for knowledge communities group decision analysis, Expert Systems with Applications, 33(4), p.1011, 1024.

30. Cliville, V. Berrah, L. & Mauris, G.(2007). Quantitative expression and aggregation of performance measurements based on the MACBETH multi-criteria method, Int. J. Production Economics, p. 105, 171.189.

31. Cooper, R. G., U. de Brentani(1991). "New industrial financial services: What distinguishes the winners.", Journal of Product Innovation Management 8(2), pp.75-90.

32. Cooper, R. G., C. J. Easingwood, S. Edgett, E. J. Kleinschmidt, C. Storey. (19954) "What distinguishes the top performing new products in financial services.",

Journal of Product Innovation Management 11(4), pp.281-299.

33. Cooper, Harris M, Fowler, Floyd J, Newbury Park(1998). Synthesizing research: a guide for literature reviews. Thousand Oaks: Sage Publications, 2.

34. de Brentani, U.(1989). "Success and failure in new industrial services.", Journal of Product Innovation Management 6(4), pp.239-258.

35. de Brentani, U.(1995). "New industrial service development: Scenarios for success and failure.", Journal of Business Research 32(2), pp.93-103.

36. Deok-Joo Lee, Jae-Kyoung Ahn(2007). "Factors affecting com-panies tele-communication service selection strategy",Omega 35, p. 486, 493.

37. Derringer, G. A.(1994). Balancing act: optimizing a product's properties, Quality Progress, 51.58,

38. Derringer, G. & Suich, R.(1980). Simultaneous Optimization of Several Response Variables, Journal of Quality, 12(4), pp.24-28.

39. Edgett, S.,(1994) "The traits of successful new service development.", The Journal of Services Marketing 8(3), pp.40-49.

40. Geisler, E. (1995). An integrated cost-performance model of research and development evaluation, Omega, 23(3), pp.281-294.

41. Gherardi, S., & Nicolini, D.,(2000). The organizational learning of safety in communities of practice, Journal of Management Inquiry, 9(1), p.7, 18.

42. Grembergen, W.V., & Amelinckx, I.(2002). "Measuring and Managing E-business Projects through the Balanced Scorecard. "Proceedings of the 35th Hawaii International Conference on System Science, Big Island (Hawaii), Organizational Systems and Technologies Track, 1-9. IEE Computer Society Press.

43. Grisham, D., Bergeron, B., & Brink, B.(1999). Connecting communities of practice through professional development school activities, Journal of Teacher Education,

50 (3), p.182, 191.

44. Harrington, E. C.(2002). The desirability function. Industrial Quality Control, 21, p.494, 498.

45. Ho, W.(2008). Integrated analytic hierarchy process and its applications. A literature review, European Journal of Operational Research, 186, p.211, 228.

46. Irwin, D.(2002). Strategy mapping in the public sector, Long Range Planning, 35(6), pp.637-647.

47. Johnson, C.M.A.(2001). A survey of current research on online communities of practice, The Internet and Higher Education, 4(1), pp.45-60.

48. JAE-HYEON AHN, ANN SKUDLARK.(2002). “Managing risk in a new telecommunications service development process through a scenario planning approach”, Journal of Information Technology 17, p.103, 118.

49. Jae-Hyeon Ahn, Myoung-Soo Kim, Dong-Joo Lee.(2005). “Learning from the failure: experiences in the Korean telecommunications market”, Technovation 25, 2005.

50. James E. Prieger.(2007). “Regulatory delay and the timing of product innovation”, International Journal of Industrial Organization 25,

51. Jongsu Lee·Yeonbae Kim·Jeong-Dong Lee·Yuri Park(2006). “Estimating the extent of potential competition in the Korean mobile telecommunications market: Switching costs and number portability”, International Journal of Industrial Organization 24

52. John, George, Allen M. Weiss, and Shantanu Dutta(1999) “Marketing in Technology-Intensive Markets:Toward a Conceptual Framework.” Journal of Marketing 63(Special Edition), pp.78-91.

53. Kaplan, S.R., and Norton R.D.(1992). “The Balanced Scorecard . Measures that Drive Performance,” Harvard Business Review

54. Kaplan, S.R., and Norton R.D.(1996). "Using the Balanced Scorecard as a Strategic Management System," Harvard Business Review.

55. Kaplan, S.R. and Norton, R.D.(1993). "Putting the Balanced Scorecard to Work," Harvard business Review,

56. Kwaku, A.-G.(1996). "Differential potency of factors affecting innovation performance in manufacturing and services firms in Australia.", Journal of Product Innovation Management 13 (1)

57. Leem, S.C., and Lee, J.H.(2004). "Development of certification and audit processes of application service provider for IT outsourcing," Technovation, Vol. 24, pp.63-71.

58. Lesser, E.L. & Storck, J.(2001). Communities of Practice and Organizational Performance, IBM SYSTEMS JOURNAL, 40(4), 831-841

59. Lovelock, Christopher and Jochen Wirtz.(2004). Services Marketing: People, Technology, Strategy. 5th Ed. International: Pearson Prentice Hall.

60. Martinsons, M., Davison, R., and Tse, D.(1999). "The Balanced Scorecard: A foundation for the Strategic management of Information Systems," Decision Support Systems, vol.25

61. Maa, Q., Pearsonb M.J., and Tadisinab S.(2005). "An exploratory study into factors of service quality for application service providers,"

62. M. Ozer.(2005). "Online business: Tailoring your business environment in order to compete", International Journal of In-formation Management 25.

63. M. Ozer.(2007) "Improving the accuracy of expert predictions of the future success of new internet services". European journal of oprational research.

64. McDermott, R.(1999a.), Learning across teams: the role of communities of practice in team organizations, Knowledge Management Review, May.June, pp.28, 32.

65. McDermott, R.(1999b.) Nurturing three dimensional communities of practice: how to the most out of human networks, Knowledge Management Review, Fall, p,14, 18.

66. Mohr, Jakki.(2000). "The Marketing of High-Tech Products and Services: Implications for Curriculum Content and Design." Journal of Marketing Education 22(3), pp.246-259.

67. Moriarty, Rowland T. and Thomas J. Kosnik.(1989). "High-Tech Marketing: Concepts, Continuity, and Change." Sloan Management Review 30(4), pp.7-17.

68. Nelson, Phillip.(1970). "Information and Consumer Behaviors." Journal of Political Economy 78 (2), pp.311-329.

69. Noordin Shehabuddeen, David Probert, Robert Phaal.(2006). "From theory to practice: challenges in operationalising a technology selection framework", Technovation 26, 2006.

70. Olve, N., Roy, J., and Wetter, M.(1999). "Performance Drivers," Biddles Ltd, 1999.

71. Orr, JE.(1996). Talking About Machines: An Ethnography of a Modern Job, Cornell University Press, Ithaca(NY).

72. Pan, S. L., and Leidner, D. E.(2003). Bridging Communities of Practice with Information Technology in Pursuit of Global Knowledge Sharing, Journal of Strategic Information Systems, 12, pp.71-88.

73. Robert, M. V. & J. H. Erik A. (2006), The Assessment of Communities of Practice, Knowledge and Process Management, 13(1), p.13, 25.

74. Rogers, J.(2000), Communities of practice: a framework for fostering coherence in virtual learning communities, Educational Technology and Society, 3 (3), p.384, 392.

75. Ruuska, I.(2005). Social structures as communities for knowledge sharing in project-based environments, Dissertation, Helsinki University of Technology.

76. Ruuska, I, & Vartiainen, M.(2003). Communities and other social structures for Knowledge sharing.a case study in an internet consultancy company, In Communities and Technologies

77. Rothwell, R., et al.. "SAPPHO Updated-Project SAPPHO, PHASE II" Research Policy 3, 1974, pp.258-291.

78. Shanklin, William, and John Ryans.(1984) "Organizing for High-Tech Marketing." Harvard Business Review 62(November-December), pp.164-171.

79. Saaty, L.T.(1980). "The Analytic Hierarchy Process: Planning, Priority Setting, Resource Allocation," New York: McGraw Hill Inc.

80. Saaty, T. L.(1980), The analytic hierarchy process, New York, McGraw-Hill.

81. Saaty, T. L.(1988). Multicriteria Decision Making: The Analytic Hierarchy Process, RWS Publications, Pittsburg.

82. Saaty, T. L.(1998), Multicriteria Decision Making: The Analytic Hierarchy Process, RWS Publications, Pittsburgh.

83. Skibniewski, M.J. & Chao,L.(1992). Evaluation of advanced construction technology with AHP method, Journal of Construction Engineering and Management, ASCE, p.577, 593.

84. Shan, L. P., Dorothy, E. L.(2003). Bridging communities of practice with information technology in pursuit of global knowledge sharing Journal of Strategic Information Systems, 12, p.71, 88.

85. Sohn, H. M., You, T., Lee, S. & Lee, H.(2003). Corporate strategies, environmental forces, and performance measures: a weighting decision support system using the k-nearest neighbor technique, Expert Systems with Applications, 25(3), pp.279-292.

86. Storey, C., C. Easingwood. "The impact of the new product development project on the success of financial services.", The Service Industries Journal 13(3), 1993,

pp.40-54.

87. Vaidya, O. S., Kumar, S.(2006). Analytic hierarchy process: An overview of applications, European Journal of Operational Research, 169, p.1, 29.

88. Voss, C. A., R. Johnston, R. Silvestro, L. Fitzgerald, T. J. Brignall.(1992). "Measurement of innovation and design performance in services.", Design Management Journal 3(Winter), pp.40-46.

89. Wenger, E.(1998). Communities of practice: learning, meaning, and identity, New York: Cambridge University.

90. Wenger, E. and Snyder, W.(2000). Communities of Practice: The Organizational Frontier, Harvard Business Review, January-February, pp.139-145

91. Zeithaml, Valarie A. and Mary J. Bitner(2002). Services Marketing: Integrating Customer Focus Across The Firm. 3rd Ed. International: McGraw-Hill

92. Zirger, B.J., Maidique, M.A.(1990). "A model of new product development: an empirical test." Management Science 36 (7), p.867, 883.

93. 서현주·정예선·김효근(2004). 학습 공동체의 특성이 기업 e-Learning 성과에 미치는 영향, 지식경영연구, 5(1), pp.19-38.

94. 유영만·이선(2004). 실천공동체(CoP) 성과 평가기준 개발, 교육정보미디어연구, 10(1), pp.5-34.

전략을 성공으로 이끄는

성과평가방법론

초판 인쇄 2014년 2월 27일 | **초판 발행** 2014년 3월 5일

지은이 홍종의 | **펴낸이** 박재규 | **펴낸곳** 경남대학교출판부

주소 경남 창원시 마산합포구 경남대학로 7 (월영동)
전화 055-249-2074 | **팩스** 0505-999-2115 | **전자우편** ko10@kyungnam.ac.kr
홈페이지 www.kyungnam.ac.kr/press

ISBN 978-89-8421-364-7-93320